FRANCESC MIRALLES
ÁNGELES DOÑATE
JENSEITS DES ABGRUNDS

FRANCESC MIRALLES
ÁNGELES DOÑATE

JENSEITS DES ABGRUNDS

ROMAN ÜBER DEN SINN
DES LEBENS

AUS DEM SPANISCHEN VON
MARIA HOFFMANN-DARTEVELLE

Diederichs

Sollte diese Publikation Links auf Webseiten Dritter enthalten, so übernehmen wir für deren Inhalte keine Haftung, da wir uns diese nicht zu eigen machen, sondern lediglich auf deren Stand zum Zeitpunkt der Erstveröffentlichung verweisen.

Penguin Random House Verlagsgruppe FSC® N001967

Spanische Originalausgabe »*Un té parar curar al alma*«, Zenith, ein Imprint von Editorial Planeta, S.A., 2021
© 2019 by Francesc Miralles and Ángeles Doñate
Translation rights arranged by Sandra Bruna Agencia Literaria, S.L. through SvH Literarische Agentur
All rights reserved

Copyright © 2021 Diederichs Verlag, München,
in der Penguin Random House Verlagsgruppe GmbH,
Neumarkter Str. 28, 81673 München
Umschlag: zero-media.net, München
Umschlagmotiv: © Hannah Davies / Ikon Images / mauritius images
Satz: dtp im Verlag
Druck und Bindung: Friedrich Pustet GmbH & Co. KG, Regensburg
Printed in Germany
ISBN 978-3-424-35114-9
www.diederichs-verlag.de

 Dieses Buch ist auch als E-Book erhältlich.

*Die dunkelste Stunde ist
die vor Tagesanbruch*
ENGLISCHES SPRICHWORT

1.
EIN RÄTSEL IN EINEM RÄTSEL

An dem Nachmittag, als ich glaubte, alles sei zu Ende, ahnte ich nicht, wie nah ich am Beginn meines Lebens stand.

Ich hatte soeben meinen Bruder einäschern lassen und fuhr eine ausgestorbene Straße entlang. Auf dem Rücksitz meines Wagens stand die Urne.

Er hatte kein Testament hinterlassen, aber in seinem Tagebuch hatte er den Wunsch geäußert, man möge, wenn er eines Tages aus dem Zug des Lebens aussteigen würde, seine Asche in den Rocky Mountains verstreuen, bei einer Hütte am Fuß des Mount Moran.

Wie in dem Heft stand, das sich jetzt in den Händen der Kriminaltechniker befand, hatte er dort die einzigen Tage eines *zweifelsfreien Glücks* erlebt, so seine eigenen Worte. Verantwortlich für jene Oase des Lichts in seiner düsteren Seele war neben der Schönheit des Ortes anscheinend eine Frau namens Eileen gewesen.

Er hatte mir nie von ihr erzählt, allerdings war Jonathan auch nicht gerade ein Ausbund an Redseligkeit. Bei unseren seltenen Begegnungen in den letzten Jahren war er stets so geistesabwesend, als lebte er in einem inneren Exil, aus dem es kein Entkommen gab.

Das war zu seinen Lebzeiten.

Durch den Rückspiegel blickte ich auf die Messingurne mit der Inschrift, die ich mir überlegt hatte, nachdem der Angestellte des Bestattungsinstituts mir versichert hatte, das Eingravieren einer Widmung sei im Preis inbegriffen.

Lieber Bruder,
du warst mir immer ein Rätsel,
jetzt, da du aufbrichst ins größte aller Rätsel,
bist du ein Rätsel in einem Rätsel.
Ich werde dich sehr vermissen,
Toni

Der Angestellte hatte angesichts meiner Worte die Stirn gerunzelt. Vermutlich fand er sie zu nüchtern oder vollkommen absurd. Was Letzteres betraf, musste ich ihm recht geben, denn die Asche würde auf einer Wiese neben einer Hütte landen, diese leere, mit meiner Widmung versehene Urne somit zu einem sinnlosen Objekt werden, einem bloßen Behälter, der nichts mehr enthielt, nicht einmal das Gedenken an den Verstorbenen.

Da Jonathan geradezu krankhaft introvertiert war, herrschte sogar über die Ursache seines Todes Unklarheit. Laut Polizeiprotokoll war er mit über hundert Stundenkilometern aus der Kurve geflogen und gegen einen Hochspannungsmast geprallt. Er war sofort tot.

Die Autopsie hatte ergeben, dass er weder Alkohol noch Spuren irgendwelcher Betäubungsmittel im Blut hatte. Die Tatsache jedoch, dass er nicht angeschnallt war, was ihm das Leben hätte retten können, ließ die Ermittler an einen vertuschten Selbstmord denken.

Genau würde man es nie wissen.

Es war ein weiteres Rätsel in Jonathans Leben. Das letzte.

»Du hast mein Leben ruiniert, das ist dir doch klar, oder?«, sagte ich mit Blick in den Rückspiegel zur Urne. »Du hättest mich um Hilfe bitten können, du weißt doch, dass ich dir geholfen hätte. Habe ich dich jemals im Stich gelassen? Deinetwegen bin ich jetzt allein.«

Mir lief eine Träne über die Wange. Ich versuchte mir vorzustellen, was mein Bruder mir geantwortet hätte. Fast konnte ich seine Stimme im Innern des Ford Mustang hören.

»Gib mir nicht die Schuld für das, was du nicht getan hast. Wann hast du mich zuletzt angerufen? An Neujahr. Das ist sechs Monate her.«

»Du hast kein Recht, mir das vorzuwerfen! Warum sollte denn immer *ich* dich anrufen? Ich bin immer für dich da gewesen. Hast du vergessen, dass ich die Kaution für deine Wohnung bezahlt habe? Das Geld habe ich übrigens nie von dir zurückverlangt.«

»Geld ... Mit Geld entschuldigst du alles«, würde er sicher antworten. »Wenn du glaubst, dass es im Leben reicht, nur die Rechnungen anderer Leute zu bezahlen, irrst du dich. Auch die monatlichen Viertausend für Papas Altersheim kamen aus deiner Tasche, aber ich war der Einzige, der ihn dort besucht hat. Und fast hättest du es nicht zu seiner Beerdigung geschafft.«

»Wirf mir das nicht vor, Jonathan, oder ...« Ich nahm eine Hand vom Steuer, um mir die Tränen aus den Augen zu wischen, die mir die Sicht verschleierten. »Also, in der Endphase seines Alzheimers hat Papa gar nichts mehr begriffen. Bei meinem letzten Besuch hat er mich sogar gefragt, wer ich bin.«

»Nette Ausrede. Aber du, Toni, du wusstest, wer er war.«

Ich seufzte und versuchte, auf dieser Landstraße mitten in

der Einöde ruhig zu bleiben. Es begann zu dämmern, und ein verrostetes Schild wies auf eine Raststätte in zehn Meilen Entfernung hin.

»Seit der Gründung meiner Werbeagentur habe ich nur noch geschuftet. Das weißt du. So konnte ich dir unter die Arme greifen, als du mich brauchtest. Ich habe Papas gesamte Behandlung bezahlt und dazu noch die Schulden, die er bei seinem Tod hinterlassen hat.«

»Wenn du so ein guter Mensch bist, warum bist du dann allein auf der Welt? Deine Frau hat dich ein Jahr nach der Hochzeit verlassen. Mich hast du immer als den schwierigen Bruder hingestellt, den hoffnungslosen Fall, aber pass gut auf dein eigenes Leben auf ... Es bräuchte eine Überholung, und zwar eine gründliche.«

Bei der Erinnerung an den strengen Gesichtsausdruck, den mein Bruder immer aufsetzte, wenn er ernst wurde, musste ich lächeln.

»Frag mich nicht, warum Karen gegangen ist, ich weiß es nämlich bis heute nicht. Als ich sie kennengelernt habe, hauste sie in einer fünfundzwanzig Quadratmeter großen Wohnung in San Francisco, zusammen mit einer Drogenabhängigen und deren Mann, der sie misshandelte. Ich habe Karen da rausgeholt, ihr ein Zuhause gegeben. Ich habe das Geld für uns beide verdient, damit sie sich ganz ihrer Malerei widmen konnte, das war ja ihre Leidenschaft. Was wollte sie mehr?«

»Vielleicht ein bisschen von deiner Zeit, Toni. Wenn du nach Hause kamst, hast du dich dann für ihre Kunst interessiert? Hast du sie gefragt, was sie denkt oder wovon sie träumt? Mir hast du erzählt, sie sei von einem Tag auf den anderen und fast ohne eine Erklärung verschwunden. Warum hast du nicht schon früher versucht herauszufinden, ob sie irgendein Problem hat?«

»Gut, da gebe ich dir recht: In den letzten Jahren hatte ich viel um die Ohren. Das ist nun mal so, wenn man eine eigene Firma hat. Manchmal kam ich abends so spät nach Hause, dass Karen schon schlief, und am nächsten Tag stand ich auf, bevor sie aufgewacht war. Aber ich finde, das ist keine Rechtfertigung dafür, dass sie mich hat sitzen lassen. Wenn sie irgendein Problem gehabt hätte, hätte sie mich jederzeit anrufen und mir davon erzählen können, oder? Genau wie du …«

»Erstaunlich, dass dir das mit deinen vierzig Jahren noch nicht aufgefallen ist, aber den meisten Leuten fällt es schwer, um etwas zu bitten, Bruder. Vor allem, wenn jemand so beschäftigt ist wie du. Dann wollen dich die anderen nicht belästigen, besonders wenn sie dich gern haben. Deshalb schweigen sie und machen sich klein und immer kleiner. Bis sie eines Tages auf die eine oder andere Art verschwinden.«

»Es reicht, Jonathan«, sagte ich und umklammerte das Lenkrad fest, damit meine Hände nicht zu zittern begannen.

»Du glaubst, indem du unsere Rechnungen bezahlt hast, hast du deine Pflicht getan. Tatsache ist aber, dass du erst deinen Vater im Stich gelassen hast und dann deine Frau. Und mich hast du auch im Stich gelassen.«

Bevor ich vor Wut die Kontrolle über den Wagen verlor, bog ich ab und fuhr zu der ausgeschilderten Raststätte. Auf die Urne fluchend, die auf dem Rücksitz würde warten müssen, parkte ich neben einem Diner, das aus der Zeit gefallen schien.

2.
DIE RETTENDE HAND

Da ich keinen Hunger hatte, bestellte ich mir ein großes Bier, dann noch eins und kippte anschließend zwei Bourbon hinunter, um die Gedanken zu betäuben, die mich quälten.

Noch bevor ich es richtig merkte, fing ich an, Selbstgespräche zu führen wie ein Betrunkener. Ein kleiner Rest klaren Verstandes sagte mir, dass ich so nicht weiterfahren konnte, es sei denn ich wollte genauso enden wie mein Bruder.

Mühsam erhob ich mich, um zu bezahlen und im Auto meinen Rausch auszuschlafen, da legte sich eine Hand sanft auf meinen Arm.

Verwundert drehte ich mich um und stand vor einer Frau. Sie mochte um die siebzig Jahre alt sein.

»Geh noch nicht«, sagte sie lächelnd. »Ich würde dich vorher gern auf einen Kaffee einladen.«

»Ich wollte auch nicht fahren«, nuschelte ich verlegen, »… aber danke. Ja, der wird mir sicher guttun.«

Die Frau setzte sich mir gegenüber an den Tisch, an dem ich mich sinnlos betrunken hatte. Vermutlich hatte sie mich schon eine Weile beobachtet. Ich schaute sie mit einer Mischung aus Verwirrung und Beschämung an, die ihr nicht entging.

»Bitte fühl dich nicht schuldig. Jeder hat mal einen schlechten Tag.«

»Wenn es nur ein Tag wäre«, murmelte ich, während ein Kellner mit tiefen Augenringen unsere Kaffeetassen füllte. »Ich glaube, mein ganzes Leben ist ein einziger Fehler. Ein verdammter Fehler ... Und jetzt ist es zu spät, ihn zu korrigieren.«

»Es ist nie zu spät!«, sagte sie und legte ihre kleine warme Hand auf meine. »Manchmal haben wir das Gefühl, das Leben hätte uns in einen zu großen Anzug gesteckt, aber dafür gibt es Schneider.«

Ich schaute sie an, ohne ganz zu begreifen, was sie meinte. Unfähig, etwas zu entgegnen, trank ich einen Schluck Kaffee. Diese Frau war nicht nur beneidenswert vital, sie schien auch alle Zeit der Welt zu haben.

Sie hob ihre Tasse, sog den Kaffeeduft ein und stellte sie wieder hin, als hätte sie gerochen, dass er noch zu heiß war. Dann nahm sie eine Brille mit altmodischem Gestell aus der Tasche, setzte sie auf und schaute mir geradewegs in die Augen.

»Solange du noch keinen Schneider gefunden hast, der dir einen Anzug nach Maß näht, könnte ich dir eine Geschichte erzählen«, sagte sie. »Vielleicht nützt sie dir etwas. Übrigens, ich heiße Rose.«

Darauf schwieg sie, als wollte sie sich vergewissern, ob sie mit meiner Aufmerksamkeit rechnen konnte. Müde nickend stimmte ich zu.

Noch vor wenigen Wochen hätte ich nur ungläubig gelacht, wenn mir jemand gesagt hätte, ich würde eine halbe Stunde meiner Zeit in einem Diner mit einer Oma vertrödeln, die aussah, als sei sie einer Kekswerbung entstiegen. Und doch saß ich hier und ertrug das nervige Gerede dieser barmherzigen Samariterin, die mich mit einer Frage verwirrte:

»Was siehst du, wenn du mich anschaust?«

Nun bereute ich es, den Diner nicht verlassen zu haben,

fühlte mich aber verpflichtet, aus Höflichkeit ihr Ratespiel mitzumachen.

»Ich sehe eine Frau mit weißen Haaren, die für ihr Alter jugendlich wirkt, in einem Strickpullover und ...«

»Nein, nein, schau mich richtig an«, wies sie mich zurecht.

»Ich verstehe nicht.«

»Ich weiß, dass du das besser kannst. Wenn ich dich anschaue, sehe ich jemanden, der verängstigt und traurig ist, wie ein Kind, das nach einem Erdbeben allein in seinem Dorf zurückgeblieben ist. Oder irre ich mich?«

»Ich wünschte, es wäre so«, erwiderte ich halb betroffen, halb verärgert. »Wo ist Ihre Bibel? Sie schlagen mir doch jetzt bestimmt vor, ein Zeuge Jehovas oder sowas zu werden.«

Rose schaute mich tadelnd an.

»Du solltest keine Vermutungen anstellen. Das sind Filter, die dir den Blick verschleiern. Damit meine ich den achtsamen Blick auf andere, den gründlichen, tiefen Blick.«

»Ich verstehe«, sagte ich, ohne ein Wort zu begreifen. »Was für eine Geschichte wollten Sie mir denn erzählen?«

Die Frau schüttelte leicht den Kopf, als fände sie mich unmöglich.

»Seitdem es Autos gibt«, fuhr sie fort, »stand hier eine Tankstelle. Die letzten Besitzer waren meine Eltern, bevor alles von einem Konzern übernommen wurde. Mein Großvater hat hier sogar eine Autowerkstatt betrieben. An dieser Landstraße, über die so viele fahren, ohne zurückzuschauen, ist meine Familie verwurzelt. Diese Wegkreuzung ist nur ein Punkt auf der Landkarte, aber dieser Punkt ist mein Leben.« Sie seufzte, bevor sie weitersprach. »Schon als junges Mädchen habe ich im Geschäft mitgeholfen, als Kassiererin. Es machte mir Spaß, die Kunden zu bedienen, sie zu fragen, woher sie kamen und wohin sie fuhren, den Kindern einen Bonbon zu schenken und denen, die sich verfahren hatten, eine Karte der Gegend. So habe ich ihn kennengelernt.«

Rose machte eine Pause und schloss die Augen, während ihre Finger über einen doppelten Ehering strichen, der mir bisher nicht aufgefallen war.

Ich traute mich nicht, sie zu unterbrechen, und schon gar nicht, sie zum Weiterreden zu drängen.

Diese Frau befand sich auf einer sehr langen Reise, einer Reise, an der ich als blinder Passagier teilnahm.

»Ich war neunzehn Jahre alt und hatte den County noch nie verlassen, und trotzdem wusste ich es vom ersten Augenblick an … *Er war es.* Ich wusste, dass es weder vorher noch nachher einen anderen geben würde. Hast du so etwas schon einmal erlebt? Eine blitzartige Klarheit, die einen plötzlich durchfährt? In dem Augenblick, als er durch die Tür dieses Diner kam, blieb für mich die Welt stehen.« Sie legte den Kopf ein wenig zur Seite, als versuchte sie, eine Erinnerung aus den Tiefen ihres Gedächtnisses heraufzuholen. »Josh war Lastwagenfahrer, er fuhr eines dieser riesigen Ungetüme, die das Land von Osten nach Westen durchqueren. Er war so stattlich und gut aussehend, dass ich einfach nicht glauben konnte, dass ein mageres Ding wie ich ihm auffallen könnte. Aber Wunder geschehen.«

An der Theke war inzwischen die Hälfte der Lichter erloschen. Ich wandte den Blick kurz von meiner Gesprächspartnerin ab, um dem Kellner mit den Augenringen beim Polieren der Kaffeemaschine zuzuschauen. Bald würde er uns hinauswerfen. Der Gedanke erleichterte mich. Ich war mir sicher, dass diese Geschichte auf nichts Besonderes hinauslief.

Erneut irrte ich mich.

»Jahre später hat er mir einmal gestanden, er habe mich schon gesehen, bevor er zum Bezahlen hereingekommen sei«, fuhr sie mit bewegter Stimme fort. »Er war mehrmals an unserer Tankstelle gewesen, hatte aber nie gewagt, mich anzusprechen. Eines Nachmittags hatte er mich dabei beobachtet, wie ich meinem Vater bei einem Radwechsel half, und sich in mich verliebt. Zwischen unserer ersten Begegnung, als er mich ›Wie viel macht das?‹ gefragt hat, und dem Tag, an dem ich ihm ›Ja, ich will‹ geantwortet habe, war ein Jahr vergangen.«

»Hat er danach aufgehört, als Fernfahrer zu arbeiten?«, fragte ich.

Rose hielt kurz die Luft an und schloss die Augen.

»Eher, als ich es mir gewünscht hätte«, sagte sie schließlich. »Nachdem wir geheiratet hatten, fuhr er weiter seinen Truck, und ich wartete an der Raststätte auf ihn. Ich stellte mir vor, wir würden bald ein Kind bekommen und er würde mit dem Fahren aufhören und sich um das Geschäft kümmern. Abends, nachdem wir den Laden abgeschlossen hätten, würden wir uns vors Haus setzen und die Sterne zählen, und er würde mir von all seinen Fahrten und Strecken erzählen, und so würden die Jahre vergehen. Doch bevor mein Traum wahr wurde, vernichtete ein morscher Balken unsere Zukunft.«

»Was ist passiert?«, fragte ich betroffen.

»Es war an einem Sonntag, Josh half einem Freund, sein Dach zu reparieren, und dabei löste sich ein verrotteter Balken und fiel so unglücklich, dass …«

Rose hielt inne, als wäre die Erinnerung zu schmerzhaft.

Ich musste schlucken. Während sie schwieg, versuchte ich mir vorzustellen, wie sie wohl als verliebte Zwanzigjährige ausgesehen hatte. Bestimmt war sie eine hübsche junge Frau gewesen.

»Es muss sehr schlimm gewesen sein, so früh Witwe zu werden ...«, begann ich, um etwas zu sagen.

Sie warf mir einen kurzen harten Blick zu.

»Wer hat denn von Tod gesprochen? Bis vor einem Jahr war mein Mann noch bei mir.«

Erleichtert atmete ich auf.

»Oder zumindest sein Körper. Er war vollständig gelähmt und konnte nicht mehr sprechen. Vielleicht«, fügte sie hinzu, »weil er sich mit seiner neuen Situation nie abgefunden hat. Wenn ich Josh ansah, spürte ich, dass er nicht da war. Sein Geist schien irgendwo in weiter Ferne zu schweben. Er hat bei uns im Haus gelebt, bis mein Vater zu alt war, um mir zu helfen, ihn zu versorgen. Da haben wir ihn in ein Pflegeheim gebracht.« Roses Gesicht verkrampfte sich kurz, als bereue sie diese Entscheidung noch immer. »Jeden Tag nach dem Aufstehen bin ich zu ihm gegangen und habe ihm einen Kuss gegeben. Ich wollte die Erste sein, die er beim Aufwachen sieht. Und jeden Abend habe ich ihm schöne Träume gewünscht. Fast fünfzig Jahre lang. Wir haben anders gelebt, als ich es mir vorgestellt hatte, aber ... wir haben zusammen gelebt.«

Ich trank meine Kaffeetasse leer. Der Kellner war verschwunden, nachdem er die Theke gesäubert hatte. Im Gastraum herrschte jetzt vollkommene Stille. Plötzlich hatte ich es nicht mehr eilig. In meiner Fantasie war das Personal des Diner nach Hause gegangen und hatte uns hier drinnen vergessen.

»Ich habe die Tankstelle und das Haus verkauft«, fuhr Rose fort. »Dafür habe ich eine ordentliche Summe bekommen und mich nur noch unserem Leben zu zweit gewidmet. Morgens stand ich früh auf und wanderte durchs Dorf. Später erzählte ich Josh dann alles. Wo gerade ein Haus gebaut wurde oder ein neuer Laden aufmachte, wer geheiratet hatte und wer kürzlich von auswärts zugezogen war. Mit den Jahren hatten wir unsere eigene Form der Verständigung entwickelt. Wenn mein Mann Nein sagen wollte, bewegte er die Augenbrauen, wenn er Ja sagen wollte, lächelte er. Er war meine ganze Welt. Mich um ihn zu kümmern, ihn zu begleiten, ihm das Gefühl zu geben, dass er lebendig ist, war mein Lebensinhalt. Und ich fühlte mich unbesiegbar, kannst du dir das vorstellen? Ich hatte gelernt, schneller zu laufen als mein Schmerz, und ich war überzeugt, dass die tiefe dunkle Traurigkeit, die mich in den ersten Monaten nach dem Unfall beim Gedanken an sein Leiden erdrückt hatte, mich nie wieder einholen würde. Wenn ich das ertragen hatte, würde ich alles ertragen. Wie konnte ich nur so hochmütig sein?«

»Und dann ist die Traurigkeit zurückgekehrt«, sagte ich und wusste genau, was sie meinte.

»Ja. Sie baute sich vor mir auf und schaute mir ins Gesicht. Und zwar an dem Tag, als Joshua starb. Über ein Jahr ist das jetzt her. Alles brach über mir zusammen. Diesmal war es kein verrotteter Dachbalken, sondern ich war so erschöpft, dass ich nach dem langen Kampf kapitulierte.«

Sie nahm meine Hände, als fürchtete sie, erneut den Boden unter den Füßen zu verlieren und in einen noch tieferen Abgrund zu stürzen.

»Ich glaube, in dieser Zeit habe ich wahres Leiden kennengelernt. Ich ließ mich gehen. Ich aß fast nichts mehr und konnte nicht mehr schlafen. Ich ging nicht mal raus auf die Straße. Das Haus war zu einem Sarg geworden, in dem ich nur noch auf den Tod wartete ... Aber der kam nicht so schnell, wie ich dachte, es musste also etwas Drastischeres geschehen.«

»Was wollen Sie damit sagen?«, fragte ich, ohne ihre Hände loszulassen.

»Schon seit Monaten ging es mit mir bergab, aber nun beschloss ich, wirklich in die Tiefe zu springen. Diese Entscheidung fiel eines Morgens. Nach einer weiteren schlaflosen Nacht bin ich kurz nach Tagesanbruch zur Bushaltestelle gegangen. Nicht einmal meinen Hausschlüssel habe ich mitgenommen. Nur ein Foto vom Tag unserer Hochzeit und ein bisschen Geld für meine letzte Reise. Ich wollte in aller Frühe los und so weit weg fahren wie möglich. Also stieg ich in den ersten Bus und setzte mich nach hinten auf eine Bank. Kaum hatte ich den Kopf ans Fenster gelehnt, fielen mir die Augen zu. Ich war so erschöpft, dass ich zum ersten Mal seit Wochen tief und fest schlief, obwohl mir die Morgensonne ins Gesicht schien. So ähnlich muss es zum Tode Verurteilten ergehen, denen man vor der Hinrichtung ein Festmahl serviert, das letzte in ihrem Leben.«

Während ich Roses Geschichte lauschte, vergaß ich irgendwann, dass wir allein in einem Diner saßen, in dem man uns vergessen zu haben schien, in dieser Nacht, die mein Leben verändern würde. Das ahnte ich aber noch nicht.

»Ich weiß nicht, wie viele Stunden ich geschlafen habe. Es müssen viele gewesen sein, denn als ich erwachte, sah ich, dass es schon dämmerte. Der Fahrer hatte mich unwirsch mit dem Ruf geweckt, wir hätten die Endstation erreicht, bald würde die Sonne untergehen. Ich stieg aus dem Bus aus wie eine Betrunkene«, sagte sie und zwinkerte mir zu. »Fast wie du jetzt.«

»Also ...«, versuchte ich mich zu verteidigen, aber ich hielt mich zurück, um sie nicht in ihrer Erzählung zu unterbrechen.

»Ich stellte fest, dass ich in irgendeinem verlorenen Dorf in den Rocky Mountains gelandet war. Ein prachtvoller Sonnenuntergang kündigte sich an, vielleicht weil es mein letzter sein sollte, und so begann ich im goldenen Abendlicht einen steilen Hang hinaufzusteigen. Nach über einer Stunde lag das Dorf weit unter mir. Der Weg verlor sich zwischen schroffen Felsen, und schließlich erreichte ich eine Felsenklippe, die etwa hundert Meter in die Tiefe reichte. Das betrachtete ich als ein Zeichen.«

»Ein Zeichen?«, fragte ich genau in dem Moment, als der Kellner mit den Augenringen gähnend wieder an der Theke auftauchte.

Wahrscheinlich hatte er in irgendeinem Nebenraum gegessen, getrunken oder beides. Er winkte zu Rose herüber. Vermutlich kannte er sie und ihre Vorliebe für Unterhaltungen mit Fremden.

Auf meinem Handy sah ich, dass es fast Mitternacht war. Einen Moment lang fürchtete ich, sie werde mich im Ungewissen lassen. Aber was ist eine Geschichte ohne Schluss? Ich kannte mich selbst nur zu gut: Sollte ich diesen Diner verlassen müssen, ohne das Ende der Geschichte zu kennen, würde ich nachts im Auto stundenlang wach liegen und mir alles Mögliche ausmalen.

»Nur noch zehn Minuten«, bat Rose den Kellner mit arglosem Lächeln.

»Fünf«, entschied er. »Ich gehe pinkeln, und dann schließe ich den Laden.«

»Mein Leben hatte keinen Sinn mehr. Ohne Familie, ohne Beschäftigung ... Wer würde mich vermissen? Und wen würde ich vermissen? Je schneller ich mit allem Schluss machte, umso besser, und das Schicksal servierte mir diese Möglichkeit geradezu auf dem Silbertablett. An dieser Felsenklippe, die in der Abenddämmerung aussah wie aus einer anderen Welt, würde ich zum letzten Mal die Sonne untergehen sehen. Anschließend würde ich springen.« Rose holte tief Luft, bevor sie weitersprach. »Ich war so fest entschlossen, dass ich einen Felsvorsprung wählte, der mir wie eine Rutschbahn in den Abgrund erschien. Als ich an den Rand trat und hinunterblickte, dachte ich, gleich springt mir das Herz in Stücke, und mein ganzer Körper zog sich in sich zusammen. Um mir Mut zu machen, sagte ich mir: ›Noch einen Schritt und ich bin bei Josh, wo auch immer er sein mag‹.«

Ich hielt den Atem an.

Um ein Haar hätte ausgerechnet ich, ein Journalist, die dümmste Frage gestellt, die man stellen kann: »Bist du gesprungen?« Da sie hier vor mir saß, hatte sie es natürlich nicht getan.

»Und?«, war das Einzige, was ich herausbrachte.

Rose kostete den Spannungsmoment aus wie einen Triumph. Zum ersten Mal seit einer ganzen Weile hellte sich ihr Gesicht auf.

»Eine rettende Hand hat alles verändert.«

»Eine Hand?«, wiederholte ich verblüfft.

»Ja, die Hand von Kosei-San.«

»Das verstehe ich nicht … Wer ist Kosei-San? Wo kam er auf einmal her?«

»Er war ein Greis mit fernöstlichen Gesichtszügen und einer roten Wollmütze auf dem Kopf. Ohne mich auch nur einen Moment loszulassen, sagte er mit eindringlichem Blick: ›Ich weiß, dein Leben war sehr schwer … bis heute.‹«

3.

DER MANN AN DER KLIPPE

Ein Krampf durchfuhr meinen ganzen Körper. Ich schrie auf und öffnete gleichzeitig die Augen. Ich spürte meine Beine nicht mehr, und von der gekrümmten Lage tat mir der Rücken weh. Mit ausgetrockneter Kehle suchte ich am Boden und auf dem Rücksitz meines Wagens nach einer Flasche Wasser, aber das Einzige, was ich fand, war die Urne, die das Morgenlicht reflektierte.

»Lach nicht, Jonathan, sonst verpass ich dir eine«, fuhr ich sie an. »Hast du dich etwa nie besoffen? Allein zu trinken, ist natürlich viel trauriger ... Aber daran bist du schuld, du Idiot.«

Ich wälzte mich im Auto hin und her und hatte das Gefühl, jeden Augenblick würde mir der Kopf zerspringen.

In meinem Handy suchte ich nach dem Ort am Mount Moran, wo ich das, was von meinem Bruder übrig geblieben war, verstreuen sollte. Google Maps entnahm ich, dass fast zehn Stunden Fahrt vor mir lagen, und ich war mir nicht einmal sicher, ob ich es auch nur zehn Minuten am Steuer aushalten würde.

Ich öffnete das Wagenfenster, um von der Frühlingsluft einen klaren Kopf zu bekommen. Dann schloss ich wieder die Augen und versuchte, den Kater abzuschütteln.

In meinem Alter sollte ich nicht mehr im Auto übernachten, sagte ich mir. Wie oft hatten Jonathan und ich es getan, wenn wir im Sommer an den kalifornischen Stränden nach den idealen Wellen Ausschau hielten …

Damals war ich um die zwanzig und das Leben noch eine mühelose Sache. Am Wochenende jobbten wir in einer Bar für einen Hungerlohn, unterwegs aßen wir aus Konservendosen. Mit unserem Vater, der unsere Lebensweise nicht verstand, redeten wir nicht mehr.

Unsere Taschen waren leer, aber unsere Köpfe voller Träume, und wir waren immer zusammen, erinnerte ich mich wehmütig.

Zusammen gegen die Welt. Genau genommen gegen eine Chicano-Welt, die uns zu eng geworden war. Unsere Eltern trauerten fortwährend einem Zuhause nach, das wir nicht kannten. Wir verkehrten ja mit Leuten, die »nicht mal Spanisch redeten«, wie eine Tante beklagte, die starb, ohne je ein Wort Englisch gesprochen zu haben, obwohl sie ihr halbes Leben auf dieser Seite der Grenze verbracht hatte.

Jonathan und ich … Eine Zeit lang waren wir eher Freunde als Brüder, bis unsere Wege sich trennten. Und alles, was jetzt von uns blieb, waren eine Urne voller Asche und ein menschliches Wrack.

Ich gab mir einen Ruck, stieg aus dem Auto und warf einen Blick auf die Tankstelle und den noch geschlossenen Diner. Kein Lüftchen regte sich, alles war still. Ein Schild, das eine halbe Ewigkeit auf dem Buckel zu haben schien, pries Brombeerkuchen mit Sirup an.

Nach und nach spürte ich, wie mir das Blut wieder in den Kopf stieg und damit auch das, was Rose mir noch vor wenigen Stunden erzählt hatte. *Der Mann am Abgrund* … Sie hatte ihn zwar nicht so genannt, aber der Journalist in mir hatte ihm diesen Titel verpasst.

Während ich versuchte, mich an seinen Namen zu erinnern, fiel mir wieder ein, dass er in dieser höllischen Nacht durch meine kurzen, flüchtigen Träume gewandert war.

Ich konnte den Gedanken an ihn einfach nicht mehr abschütteln. Da war vor allem das Gespräch, das er mit Rose geführt hatte, nachdem er ihr »die rettende Hand« gereicht hatte. Er hatte ihr erzählt, er habe in der Nähe eines Ortes namens Luckyfield gewohnt und sich eines Tages von der Welt zurückgezogen, um als Einsiedler zu leben. Er hauste in einer Hütte in der Nähe einer Klippe. Von dort beobachtete er die Felsen.

In dieser Hütte bereitete er der Fremden, die er soeben gerettet hatte, eine Tasse Tee zu und wollte im Gegenzug etwas über ihr Leben erfahren ... Das war der Deal, den er ihr vorgeschlagen hatte.

Mein journalistischer Instinkt sagte mir, dass er so etwas vermutlich nicht zum ersten Mal tat. Der Mann – an dessen Namen ich mich nicht erinnern konnte – hielt sich wohl genau aus diesem Grund an seinem Beobachtungsposten auf.

Aber warum? Fühlte er sich zum Helfer berufen? War er einsam? Oder hörte er sich nur gern die Geschichten anderer Leute an?

Vielleicht war er auch schlicht und einfach verrückt.

Wie so oft in solchen Fällen führte eine Frage zur nächsten. Nach und nach wuchsen Zweifel in mir und zugleich eine Gewissheit: Der Mann am Abgrund war ein ganz besonderer Mensch. Was hatte ihn dorthin geführt?

Auf dem leeren Rastplatz, an mein Auto gelehnt, verspürte ich einen Kitzel, der mich schon seit meinen Tagen als Journalist nicht mehr befallen hatte: Hier war eine Geschichte, eine gute Geschichte, und ich wollte sie erzählen.

Als ich wieder am Steuer saß und den Zündschlüssel umdrehte, fühlte ich mich besser. Der Motor des alten Ford dröhnte und ließ die Karosserie erbeben, während ich zurück auf die Landstraße fuhr, vorbei an sanften Hügeln, die aussahen wie prähistorische Bestien, die zu dieser frühen Stunde noch schliefen.

Je höher die Sonne über der beinahe unwirklichen Landschaft aufstieg, umso deutlicher sah ich fast vergessene Szenen aus meinem Leben vor mir. Sie erschienen mir so fern, als gehörten sie der Vergangenheit eines anderen Menschen an.

Dank meiner Leichtathletikrekorde im Laufen – Flüchten war immer meine Stärke gewesen – hatte ich ein Stipendium erhalten und mein Viertel und all meine Freunde verlassen. Und nie mehr einen Blick zurückgeworfen.

Damals nahm ich mir vor, mein Journalismus-Studium bis zum Ende durchzuziehen und mit einem brillanten Abschluss zurückzukehren, damit meine Eltern stolz auf mich sein konnten.

Obwohl die Anfänge schwierig waren, liebte ich meinen Beruf über alles. Ich glaubte noch daran, dass man die Welt verändern kann. Alles war schon im Begriff, sich zu verändern. Ich würde dazu beitragen, indem ich das aufdeckte, was andere verschleierten, ich würde die zu Wort kommen lassen, die keine Stimme besaßen …

Auf meinem ersten Posten bei einer Lokalzeitung lebte ich quasi in der Redaktion, arbeitete Seite an Seite mit meinen Kollegen bis in die frühen Morgenstunden, schlecht bezahlt und übernächtigt.

Ich unterbrach meine Übung in persönlicher Archäologie, um einen Blick in den Rückspiegel zu werfen. Die Urne, die auf dem Rücksitz zitterte, schien mir zu sagen:

»Sieh nur, wer du mal warst und was aus dir geworden ist...
Jetzt bist du ein fetter, geschniegelter, angepasster Journalist.«

»Das wäre ich nicht, wenn du mir nicht das Leben versaut hättest, Bruderherz«, entgegnete ich, bevor ich die Privatvorführung meiner Erinnerungen fortsetzte, die mir von Mal zu Mal jämmerlicher erschienen.

Von den Kontakten, die ich damals in meinem Alltag knüpfte, profitierte ich nicht nur bei der Jagd auf Neuigkeiten, ich hatte es zudem mit einflussreichen Leuten zu tun, die mir Türen öffneten.

Drei Jahre später war ich Leiter der Wirtschaftsabteilung einer Zeitung aus San Francisco. Mehr als ein Vorstadt-Chicano als ich mir hätte träumen lassen! Doch der Preis, den ich dafür bezahlte, war hoch: Ich hatte kein Privatleben mehr, ich existierte nur noch für die Arbeit.

Wenn ich nicht da schon ein Idiot war, fing ich langsam an, einer zu werden. Ein Jahr lang besuchte ich meine Eltern kein einziges Mal. Von Zeit zu Zeit ging ich noch am Wochenende mit Jonathan zum Surfen, aber auch das hörte schließlich auf.

Nach und nach, still und leise, tat sich eine Kluft zwischen uns auf. Wir lebten in völlig unterschiedlichen Welten. Ich wurde stets von hohen Tieren eingeladen, die mich fürstlich bewirteten, damit ich über ihre Firmen und Produkte schrieb. In Jonathans Augen, der für aussichtslose Dinge kämpfte, hatte ich mich für ein Linsengericht verkauft. Er hing weiter mit seinen systemkritischen Kommilitonen von der Kunsthochschule herum, ein ewiger Student.

Schließlich schafften wir es nicht mehr, miteinander zu reden. Wir hatten nichts mehr gemeinsam. Also trafen wir uns auch nicht mehr.

Ich glaube, im Prolog zu den *Blumen des Bösen* schreibt

Baudelaire, dass wir »jeden Tag eine Stufe in die Hölle hinabsteigen«, und genau das tat ich, als ich mich zu meinem großen Sprung entschloss: Freunde boten mir an, gemeinsam mit ihnen eine Werbeagentur zu gründen. Mit ihrem Geld und meinen Kontakten würden wir einen Riesenerfolg haben!

Schon als Journalist hatte ich kaum Zeit gehabt, jetzt, als Leiter einer Agentur, noch weniger. Zu Beginn war die Agentur ein so kümmerliches Geschöpf, dass sie meine ganze Aufmerksamkeit und Fürsorge verlangte. Damit rechtfertigte ich mich gegenüber meinem Bruder, wenn ich mir seine Vorwürfe anhören musste, dass wir uns nie mehr sähen und unsere Eltern mich vermissten.

Irgendwann hörte er auf, mich anzurufen, und ich, ihm zu erklären, die Firma habe sich inzwischen so stark vergrößert, dass die vielen Verpflichtungen mir den Schlaf raubten. Um diese zu bewältigen, gab es nur ein Mittel: noch mehr Arbeitsstunden. Außerdem Partys, auf denen ich nach neuen Kunden Ausschau hielt, um die Bestie zu füttern. Wochenenden auf dem Land, Golfpartien ... all das gehörte zu meiner Arbeit.

Bis ich diesen verdammten Anruf erhielt.

»Weißt du was?«, fragte ich, wieder an den Geist meines Bruders gewandt. »Als ich mich selbst hörte, nachdem ich von deinem Tod erfahren hatte, wie ich mich bei meinem Team dafür entschuldigte, ein paar Tage abwesend zu sein, und wie ich später mit dem Bestattungsunternehmer alle Formalitäten besprach, da habe ich meine eigene Stimme nicht wiedererkannt. Ein Rest-Toni von früher sagte zu mir: ›Das bist nicht du. Du kannst unmöglich dieser Mensch geworden sein‹.«

»Bist du aber«, hätte mein Bruder gesagt. »Und niemand hat dich dazu gezwungen. Das hast du ganz allein geschafft, aus lauter Ehrgeiz. Du hast schon immer gern eine besondere

Rolle gespielt, dich wichtig gefühlt. Sieh mich an. Ich bin nichts, und in ein paar Jahren wirst du, auch wenn du eine noch so teure Krankenversicherung hast, ebenfalls nichts sein.«

»Du machst es dir einfach wie immer, Jonathan ... Wie leicht, von deinem geruhsamen Dasein in dieser Urne aus über andere zu urteilen! Aber wenn du glaubst, ich würde für alles die Schuld auf mich nehmen, kannst du lange warten. Jeder ist für sein Schicksal verantwortlich, und du hast dein Leben auf deine Weise gelebt. Bewirf andere mit Dreck, nicht mich.«

Genau in diesem Augenblick blendete mich ein greller Sonnenstrahl.

Ich hatte vergessen, meine Sonnenbrille mitzunehmen, deswegen trat ich auf die Bremse und fuhr auf den Seitenstreifen. Für einen Moment dämpfte eine vorbeiziehende Wolke die blendende Helligkeit ein wenig.

Als wäre es eine Erscheinung, sah ich plötzlich etwa fünfzig Meter weiter ein Schild, das die nächste Abzweigung anzeigte: nach Luckyfield.

4.
DAS GEISTERDORF

Während ich durch die ausgestorbenen Straßen schlenderte und über mir die Sonne schon wie eine reife Frucht am Himmel hing, überkam mich eine kränkende und zugleich herausfordernde Gewissheit: Hier bot sich mir die letzte Gelegenheit, mich als Journalist zu beweisen.

Wie gerade eben auf der Fahrt in die Rocky Mountains hatte ich an einem Punkt auf meinem Lebensweg die Richtung geändert und ein Ziel erreicht, das nichts mehr mit meinen Träumen zu tun hatte. Und es war kein bloßer Zwischenstopp gewesen. Ich hatte den eingeschlagenen Weg weiterverfolgt.

Ich hatte meinen Traum, die Welt dadurch zu verbessern, dass ich verborgene Wahrheiten enthüllte, für ein unechtes, neurotisches Leben verkauft, das aus endlosen Arbeitsstunden, Höflichkeitsterminen und falschem Schein bestand. Reine Fassade.

Jonathan hatte recht: Ich hatte aufgehört, ich selbst zu sein. Und das schon vor langer Zeit. In diesem Dorf aber, in dem mir bisher noch keine Menschenseele begegnet war, bot sich die Gelegenheit zu einer Wiedergeburt. Ich würde zu meinen kämpferischen Ursprüngen zurückkehren und den Mann am Abgrund interviewen, würde einen großartigen Artikel schreiben und ihn einer auflagenstarken Zeitschrift anbieten, auch wenn man mir dafür nicht einen Cent zahlte. Die Welt sollte erfahren, dass es möglich war, anders zu leben, und dass es jemanden gab, der anderen eine rettende Hand reichte und ein erfrorenes Herz mit einer Tasse Tee und durch aufmerksames Zuhören wieder erwärmte.

Während mir all dies durch den Kopf ging, erreichte ich ein kleines Casino, das seit Jahrzehnten leer zu stehen schien. Die Leuchtschrift hing schief an der Wand, wie von der Last der Zeit gebeugt, und die Fensterscheiben waren von einer so dicken Staubschicht überzogen, dass man kaum hindurchschauen konnte.

Auf einer dreckbespritzten Markise saß eine Tigerkatze und beobachtete mich aufmerksam. Vermutlich kamen hier selten Fremde vorbei. Ich begann sogar zu zweifeln, ob in diesem Dorf, in dem laut Rose der alte Japaner gelebt hatte, überhaupt eine Menschenseele wohnte.

Alles, was mir auf meinem Weg begegnete, schien zu einer Freizeitanlage zu gehören, die schon vor Jahren dichtgemacht worden war.

Ich lief an mehreren Hotels vorbei, an denen ein Schild GESCHLOSSEN verkündete, und stieß auf ein riesiges, ausgestorbenes Kino mit einem angrenzenden Parkplatz, auf dem kein einziges Auto stand. Ich kam an Bars mit verriegelten Türen vorbei und betrachtete ein Schaufenster mit längst aus der Mode gekommener Kleidung.

Hier war die Zeit vor einem Vierteljahrhundert stehen geblieben, als hätte die gesamte arbeitende Bevölkerung beschlossen, die Zelte abzubrechen, um anderswo ihre Freizeitvergnügungen anzubieten.

Was mein Vorhaben besonders behinderte, war die Tatsache, dass ich niemanden nach dem Aufenthaltsort des Mannes fragen konnte, den ich interviewen wollte, falls er überhaupt noch am Leben war. Rose hatte von einem Greis gesprochen, der allein in einem Unterschlupf an einer Felsenklippe lebte. Er mochte inzwischen gestorben sein, ohne dass irgendjemand etwas davon mitbekommen hatte.

Unter all den geisterhaften Gebäuden fiel mir ein rosa gestrichenes Häuschen auf, an dem MUSEUM LUCKYFIELD stand. Neben der Tür hielt ein ausgestopfter Bär ein handgeschriebenes Schild mit der Aufschrift *Freier Eintritt* in seiner Tatze.

Auch ohne diesen Hinweis hätte mich nichts daran hindern können, dort herumzuschnüffeln, denn die Tür war aufgebrochen. Vorsichtig lief ich einen Flur voller Schutt und Glasscherben entlang bis zu einem Raum, der wohl der zentrale Ausstellungssaal gewesen war.

Mit der Taschenlampe meines Handys beleuchtete ich Fotografien von den ersten Siedlern Luckyfields. Daneben hingen Poster, auf denen die Naturattraktionen der Region zu sehen waren.

Über den Boden verteilt lagen leere Dosen, woraus ich schloss, dass abenteuerlustige Jugendliche in diesem verwahrlosten Museum ein Trinkgelage veranstaltet hatten.

Über einer Theke, an der Souvenirs verkauft worden waren, hing an der Wand ein detaillierter Plan des Dorfs und der Bergwelt ringsum. Mit fast detektivischem Eifer ließ ich den Lichtstrahl über die verschiedenen Wege wandern, die von diesem vergessenen Ort ausgingen.

Am Ende des Dorfes führte eine Straße weiter bis zu einem Aussichtspunkt, an dem man, so schien es, über ein bewaldetes Tal auf eine steil aufragende, zerklüftete Bergkette blickte, vermutlich die höchste Erhebung des Countys.

Von journalistischem Instinkt geleitet, trat ich einen Schritt näher, um mir diesen Teil der Wandkarte genauer anzuschauen. Auf einer kleinen freien Stelle zwischen den Felsen war unmittelbar am Abhang eine Hütte eingezeichnet.

Da tauchte wie eine Eingebung jener Name in meinem Gedächtnis auf, an den ich mich den ganzen Morgen nicht hatte erinnern können.

Kosei-San.

5.

AM ABGRUND

Die Gebirgsstraße war in sehr schlechtem Zustand. Ich war gezwungen, langsam zu fahren, was mir den letzten Nerv raubte. Außerdem stand meine Tankanzeige schon seit einer Weile auf Reserve. Normalerweise wäre ich sofort umgekehrt.

Nicht aber jetzt.

Da ich der dienstältesten Mitarbeiterin meiner Agentur umfassende Entscheidungsbefugnisse erteilt hatte, fühlte ich mich frei und zugleich verloren. Sollte ich mitten im Nirgendwo liegen bleiben, wäre mein Leben auch nicht schlimmer, als es jetzt schon war.

Mit dieser Gewissheit fuhr ich weiter.

Die Straße endete abrupt an einem einsamen Aussichtspunkt, an dem mich das sonderbare Gefühl überkam, am äußersten Zipfel der Welt zu stehen. Ich stellte den Wagen auf einer der vier markierten Flächen des angrenzenden Parkplatzes ab und stieg aus, immer noch schlapp von der beinahe schlaflosen Nacht.

Die Trennlinien zwischen den einzelnen Parkflächen waren auf dem mit Rissen übersäten Asphalt, aus denen Unkraut und sogar winzige Blümchen sprossen, kaum zu erkennen. Die Natur eroberte sich hier von der Zivilisation Terrain zurück, was bewies, dass auch dieser Ort genau wie das Dorf irgendwann sich selbst überlassen worden war.

Ich trat an die verrostete Brüstung, um das imposante Granitmassiv jenseits der Schlucht zu betrachten, das sich hoch über einem mit Dickicht bewachsenen Grund erhob. Dort, wo ich stand, fiel der Berg über mindestens zweihundert Meter senkrecht in die Tiefe ab.

Die Felswand über dem Abgrund trug eine Reihe regelmäßig angeordneter spitzwinkliger Erhebungen, wie ein Unterkiefer voller Eckzähne. Sie endete in einer kleinen Ebene, auf der eine Schäferhütte zu erkennen war.

Wenn mich nicht alles täuschte, war dies der gesuchte Ort.

Obwohl frühlingshafte Temperaturen herrschten, holte ich mir meinen Parka aus dem Auto und blieb einen Moment vor der Urne stehen. So irrational es sein mochte, eine innere Kraft verbot mir, mich einfach auf den Weg zu machen und meinen Bruder in einem Auto zurückzulassen, das allein auf einem ausgestorbenen Parkplatz stand.

Obwohl ich wusste, wie unwahrscheinlich es war, dass jemand an diesem abgelegenen Ort den Wagen und seinen ascheförmigen Passagier klaute, steckte ich die Urne in meinen Rucksack, verschloss ihn ordentlich und packte ihn mir auf den Rücken.

Ich war kaum eine Viertelstunde einen Ziegenpfad abwärts gelaufen, als meine Beine mir zu verstehen gaben, dass meine Zeiten als rasanter Läufer lange vorbei waren.

Es dauerte noch eine ganze Weile, bis ich das Schluchtbett erreicht hatte, das dicht bewachsen und feucht war wie ein unbekannter Urwald. Ein Hase beobachtete mich reglos von einem Pfad aus, der, so hatte ich es vom Aussichtspunkt aus gesehen, hinauf zu den Felsen führte.

Allerdings konnte ich es nur vermuten, da man von dem dunklen Schluchtbett aus die Hütte nicht sah.

Die längliche Hasenschnauze unter den beiden riesigen Ohren erinnerte eher an eine Ratte, und das Tier betrachtete mich mit einer Mischung aus Wachsamkeit und Faszination, als erblickte es in seinem Lebensraum zum ersten Mal ein menschliches Wesen.

Ich sagte mir, dass, sollte es in diesem kleinen Urwald irgendwann einmal Jäger gegeben haben, sie sicher zusammen mit dem zweifelhaften Universum aus Freiern und Spielern aus Luckyfield verschwunden waren.

Nach langen Sekunden der Reglosigkeit, und ohne dass ich mich meinerseits bewegt hätte, sprang der Hase plötzlich auf und hoppelte ins Gebüsch.

Das nahm ich als Startschuss für den anstrengendsten Teil meiner Expedition: den steilen Aufstieg zu dem Berggipfel, der viel höher lag als der Aussichtspunkt, an dem ich losgegangen war.

Zwischen dem stacheligen Gestrüpp, das mir die Fußknöchel blutig scheuerte, war der Pfad kaum zu erkennen. Für einen derart wild bewachsenen, steinigen Hang brauchte man eigentlich Bergstiefel, aber so wie ich mit fast leerem Tank hierher gefahren war, hatte ich diese unwegsame Strecke mit ein paar leichten Sportschuhen in Angriff genommen.

Auf dem letzten Abschnitt wurde der Pfad noch schmaler und steiler. Ich spürte, wie mir unter meinem Rucksack der Schweiß den Rücken entlanglief.

»Du bist vielleicht schwer, Bruderherz!«, sagte ich keuchend.

Ich musste mehrmals Halt machen, bis ich endlich die Bergspitze erreichte. Mit den Händen in den Seiten holte ich ein paar Mal tief Luft, um wieder zu Kräften zu kommen.

Von hier oben aus sah der gegenübergelegene Aussichtspunkt wie eine lächerliche Spielzeugkonstruktion aus.

Mit brennenden Füßen und Knöcheln drehte ich mich um und suchte die eigenwillige Felsformation ab, die sich in der Höhe über mehrere Kilometer erstreckte.

Als ich mich am Aussichtspunkt gegenüber orientierte, sah ich, dass ich meinem Ziel näher gekommen war als vorhergesehen. Nachdem ich an drei kleinen Hügeln entlanggelaufen war, erblickte ich am Ende einer kleinen steinigen Ebene eine Hütte.

Obwohl ich fix und fertig war, trieb mich die Ahnung, dass ich auf den Unterschlupf von Kosei-San gestoßen war, zu großen Schritten an, größeren als die Kräfte, über die ich noch verfügte.

Es dauerte nicht lange, und ich stand vor der kleinen Behausung, die jemand aus irgendeinem verrückten Grund beschlossen hatte, als Wachposten am Ende der Welt zu errichten.

An den Holzwänden war die Farbe verblichen, und das trockene Laub, das sich vor der Tür angesammelt hatte, ließ darauf schließen, dass schon lange keiner mehr diesen Unterschlupf benutzt hatte. Ich versuchte, durch die von einem aufsteigenden dichten, feuchten Nebel verhangenen Fensterscheiben zu schauen. Nur mit Mühe erkannte ich die verschwommenen Umrisse eines Tischs und den Schatten eines Kamins.

Dann wandte ich mich von der Hütte ab, lief über das kleine Plateau und den Bergkamm entlang, der an seinen zerklüfteten Stellen immer unwegsamer wurde. Ich hatte mir die absurde Idee in den Kopf gesetzt, bis zum höchsten Grat zu steigen, und war nun auf dem letzten Abschnitt gezwungen, ohne geeignete Ausrüstung bis zu einer Art Adlerhorst hinaufzuklettern.

Dort setzte ich mich hin und stellte den Rucksack aufrecht neben mich, und während meine Beine über dem Abgrund baumelten, legte ich den Arm um ihn, als wäre er mein Bruder höchstpersönlich. Und in gewisser Weise war er das ja auch.

»Sieh mal, Jonathan«, sagte ich und zeigte auf den fernen Aussichtspunkt. »Vor ein paar Stunden war ich noch da drüben, und jetzt bin ich hier. Und dir ist es genauso ergangen.«

Als sei die Bergkette da anderer Meinung, kam plötzlich ein kräftiger Wind auf und peitschte von hinten gegen den Granit.

»Scheint, als ob man uns hier nicht mag, Bruderherz«, sagte ich und erhob mich.

Eine heftige Böe brachte mich derart ins Wanken, dass ich vornüber auf den Rucksack fiel, der im nächsten Moment wie ein totes Gewicht in die Tiefe stürzte.

Nur einen Schritt vom Abgrund entfernt, hatte ich gerade noch Zeit, voller Entsetzen mitanzusehen, wie er zweimal an einem Felsvorsprung abprallte und in die Tiefen der engen, dicht bewachsenen Schlucht fiel.

Der Wind setzte gerade rechtzeitig aus, sodass ich das dumpfe Geräusch vom Ende der Reise der brüderlichen Überreste hören konnte, die ich nicht einmal am gewünschten Ort hatte bestatten können. Und wieder war ich der Schuldige.

Ich stand am Rande des Abgrunds und mir kamen vor Wut die Tränen. Fast wünschte ich mir, ein zweiter Windstoß würde mich vom Berg und aus meinem Leben stoßen, aber eine dichte, schwere Stille hatte sich über alles gelegt.

In meiner Verzweiflung erwog ich bereits, irgendwie in die Schlucht hinunterzuklettern, als etwas ganz sanft nach meinen Arm griff.

Es dauerte einige Sekunden, bis mir klar wurde, dass die warme, auf der Haut kaum spürbare Berührung von der Hand des Mannes stammte, den ich suchte. Seine Finger umfassten sanft meinen Arm, und doch hatte ich das sichere Gefühl, dass sie ein unmöglich zu lösender Anker waren.

6.
DER HIMMELSTEMPEL

»Dein Leben war sehr schwer ... bis heute.«

Der Mann, der diesen Satz aussprach, war mager und eher groß für jemanden mit fernöstlicher Herkunft. Unter seiner roten Wollmütze glänzten zwei kleine schwarze Augen wie Kiesel am Grunde eines ruhigen Flusses.

Trotz seines sonnengegerbten Gesichts hätte ich das Alter des Mannes nicht zu schätzen vermocht, aber zweifellos war er hoch betagt und hatte so manches erlebt.

»Mir ist mein Rucksack den Berg hinuntergefallen«, sagte ich, um ihn zu beruhigen. »Sie können sich nicht vorstellen, wie unglücklich mich dieser Unfall macht. Ich glaube wirklich ...«

»Ruhig, mein Junge ...« Er lächelte und beugte sich dabei leicht nach vorne. »Das Leben besteht aus Unfällen, aus glücklichen und weniger glücklichen. Die Menschen, die hier heraufkommen, nennen mir die sonderbarsten Gründe dafür, und ich bitte sie stets um das Gleiche. Dieses Recht habe ich mir als Wächter über diese Berge erworben.«

»Und worum bitten Sie sie?«

Der Alte kniff die Augen zusammen, als schämte er sich für das, was er mir gleich antworten würde.

»Ich sage zu ihnen: ›Die Einsamkeit hier oben ist groß. Deshalb würde ich gern, bevor du tust, was du tun musst, eine

Tasse Tee mit dir trinken. In Gesellschaft schmeckt er viel besser, findest du nicht?‹«

»Ich habe in meinem Leben nur selten Tee getrunken. Mein täglicher Treibstoff ist Kaffee, aber ich nehme Ihre Einladung gerne an.«

Mit einer sanften Verbeugung bedankte sich der Mann und stieg dann mit überraschend sicheren Schritten den steilen Felsen hinunter. Auf dem Weg zur Hütte drehte er sich kein einziges Mal um. Offenbar vertraute er voll und ganz darauf, dass ich ihm folgen und zu meinem Wort stehen würde.

Die Hütte von Kosei-San – ich bezweifelte nicht, dass er es war – überraschte mich durch ihre karge Behaglichkeit. Sie bot wenig Platz, enthielt nur das Notwendigste, aber man vermisste nichts.

Während der Alte einen Topf mit Wasser auf einen Gasherd stellte, wanderte mein Blick über einen rustikalen Tisch mit Leinentischdecke und zwei Stühlen. Er stand dicht an einem Fenster, neben dem mir eine kleine Büchersammlung auffiel.

Die Werke, etwa ein Dutzend, schienen willkürlich zusammengestellt, weshalb ich vermutete, dass gescheiterte Selbstmörder sie als Geschenk hinterlassen hatten. Neben dem Roman *Der Magus* von John Fowles standen dort ein Buch über *Shinrin-yoku* – japanisches »Waldbaden«, wie der Untertitel verriet –, mehrere Wanderführer für Wyoming und der Roman *Der Fehler* eines gewissen Samarakis.

Kosei-Sans energische Stimme setzte meinen neugierigen Betrachtungen ein Ende.

»Ich werde ein bisschen *Gunpowder* kochen.«

Er warf ein paar dunkle Kügelchen in kochendes Wasser und stellte die Dose, der er sie entnommen hatte, auf den Tisch.

Offenbar wollte er, dass ich sie mir anschaue, also griff ich nach der viereckigen grünen Dose mit der Aufschrift *Himmelstempel* und sah sie mir von allen Seiten an. Ich las, dass sie zweihundertfünfzig Gramm einer Teesorte enthielt, zu welcher der Gastgeber mir nun einige Erklärungen gab.

»Vermutlich ist es der billigste Tee, den es gibt. Denn etwa ein Dutzend Kügelchen, also eingerollte Teeblätter, die sich im Wasser öffnen, ergeben einen halben Liter schlichten, aber einwandfreien Tee. Aromatischer Schnickschnack ist nichts für den *Gunpowder*, für mich auch nicht. Darin bin ich nicht sehr japanisch ... Allerdings habe ich auch seit Wochen keinen *Sencha* mehr.«

Während er redete, goss er das Wasser, in dem die Teeblätter gezogen hatten, durch einen Filter in eine Teekanne aus Ton, die er behutsam auf ein Stövchen mit Kerze stellte.

Seine Bewegungen waren sanft, zugleich aber entschlossen und von der Präzision und Schönheit, die der beherrscht, der ein Ritual Hunderte Male wiederholt, es aber jedes Mal als etwas Neues und Einzigartiges erlebt.

»Also ... Was hast du verloren?«, fragte er mich, als er sich zu mir an den Tisch setzte und begann, zwei weiße Porzellanschälchen mit Tee zu füllen.

»Zu viel«, erwiderte ich, ohne zu verstehen, dass er mich nach dem Rucksack fragte, »aber das ist eine lange Geschichte. Allerdings würde ich gern Ihre Geschichten hören«, sagte ich, in die Journalistenrolle schlüpfend.

»Meine Geschichten?«

»Ja, ich habe schon von Ihnen gehört. Durch Rose, ich weiß nicht, ob Sie sich an sie erinnern.«

»Rose ...«, wiederholte er und schaute mich an wie ein benommener Vogel. »Ein Gesicht vergesse ich nie, auch nicht den Klang einer Stimme, aber ich muss gestehen, dass es mir schwerfällt, Namen zu behalten. Ich habe so viele gehört, dass ich mich manchmal einfach nicht erinnern kann.«

Beim Reden gestikulierte Kosei-San mit seinen dünnen, sehnigen Armen, und seine Schlitzaugen schienen das Wesen der Dinge durchdringen zu wollen.

»Sie haben Menschen gerettet«, fuhr ich fort. »Oder nur Rose? Wenn ich es mir genau überlege, kommt man ja auch nicht so leicht hier hoch.«

»Viele kommen hier hoch. Zu viele …«, erwiderte er traurig, während er sich die rote Mütze vom Kopf zog, unter der eine Art Mönchsglatze zum Vorschein kam. »Deshalb habe ich beschlossen, hier zu leben. Meine Mission ist es, wachsam zu sein … und zuzuhören.«

Stille trat ein, doch sie war nicht unangenehm. Ich trank ein wenig von dem herben, aber wohltuenden *Gunpowder*. Eine ungewohnte innere Ruhe durchströmte mich. Mir fiel auf, dass an der Küchenwand, genau neben einer Tür, die vermutlich zum Schlafzimmer führte, ein Fernglas hing.

»Einige dieser Geschichten würde ich gern hören … Wie gelingt es jemandem, der die Hoffnung verloren hat, das Leben wieder zu lieben?«

»Willst du das wirklich wissen?«, fragte er mich mit verschmitztem Gesichtsausdruck.

»Sonst würde ich Sie nicht darum bitten.«

Kosei-San nickte sanft mit seinem Kahlkopf, während er die Teekanne vom Stövchen nahm und die Tassen neu füllte.

»Dann hör gut zu …«

7.
DAS MITGEFÜHL

»Dort, wo du jetzt sitzt, saß einmal ein junger Mann namens Owen.«

Aufmerksam lauschte ich den Worten des alten Mannes. Ich wollte mir nicht die kleinste Kleinigkeit entgehen lassen. Denn ich wusste, dass gute Geschichten aus lauter unbedeutenden Details gewoben sind, die dem Leser möglicherweise gar nicht auffallen.

Innerhalb weniger Minuten verschwammen die Umrisse des kleinen Wohnraums, in dem zwei Männer dampfenden Tee tranken. Und die erste Geschichte vom Abgrund teilten.

»Aus Owen wird einmal etwas ganz Besonderes werden … das wusste ich sofort, als ich ihn das erste Mal sah. Er selbst weiß es allerdings noch nicht. Besäße ich eine Kristallkugel, könnte ich es ihm zeigen!«, seufzte Kosei-San. »Als ich ihn kennenlernte, sah er nur das, was er im Spiegel erblickte: einen dicken Jungen mit käsiger, pickeliger Haut … ein Aussehen, das sich ändern wird, über das seine Klassenkameraden sich aber ständig lustig machten.

Ich entdeckte ihn zwischen den Felsen und hatte gleich das Gefühl, dass etwas mit ihm nicht stimmt. Warum streifte ein Schuljunge an einem Dienstagvormittag allein an diesem abgelegenen Ort umher?

Ich saß hier ruhig am Fenster und las. Ich erinnere mich noch, dass ich ein Haiku von Meister Issa vor mir hatte. Es lautete: ›*Eine Welt / die leidet / unter einer Blumendecke*‹. Und weißt du was, Toni? Ich glaube, das war kein Zufall. Als ich aufschaute, sah ich einen schwarz gekleideten Jungen, der einen kleinen Rucksack über der Schulter trug. Sofort ließ ich das Buch sinken – möge der Dichter es mir verzeihen! Denn die Erfahrung hat mich gelehrt, dass eine gepeinigte Seele fähig ist, innerhalb eines Sekundenbruchteils die falsche Entscheidung zu treffen.

Owen blickte bereits in den Abgrund, als ich auf seiner Höhe ankam. Doch zum Glück hielt etwas ihn noch auf dieser Seite zurück. Ich näherte mich ihm ganz vorsichtig von hinten, darauf bedacht, ihn nicht zu erschrecken. Den Jungen umgab eine Aura von so großer Traurigkeit, dass ich unwillkürlich seufzte.

Überrascht drehte er sich um. Er hatte nicht damit gerechnet, hier jemandem zu begegnen. Welcher Mensch, der seine fünf Sinne beisammen hat, wagt sich schon an einem Dienstagmorgen an den Rand eines Abgrunds? Keiner. Hier standen nur er und ich. Und sicher hatte keiner von uns beiden so ganz seine fünf Sinne beisammen.

Ich legte ihm eine Hand auf die Schulter und nannte ihm den Namen einiger Berge, die man von jener Stelle aus sieht. Er hörte mir zu und versuchte, seine große Anspannung zu verbergen, bis er schließlich in Tränen ausbrach. Er wusste, dass ich seine Absicht erraten hatte.

›Im Grunde willst du gar nicht tun, was du dir vorgenommen hast, mein Junge‹, sagte ich zu ihm. ›Und ich bin alt genug, um zu wissen, dass du in diesem Rucksack etwas hast, was dich glücklich macht und was du gern mit jemandem teilen würdest.‹

Owen lächelte schüchtern, und ich nutzte die Gelegenheit, um ihm zu erklären, dass ich mich hier oben sehr allein fühlte und er einem armen alten Mann einen Gefallen täte, wenn er einen Tee mit ihm trinken würde.«

»Und was hat der Junge gesagt?«, fragte ich gespannt.

»Er war sofort einverstanden. Ich denke, dieser Bursche hat sich im Grunde selbst gerettet. Aber heißt es nicht so schön: Wie viel Leid liegt unter der Blüte der Jugend!«

»Das stimmt«, gestand ich und trank ein wenig vom *Himmelstempel*. »Wenn die Jugend vorbei ist, sehnen wir uns danach zurück, aber sie zu durchleben ist kein Zuckerschlecken.«

»Weil man plötzlich aus der Kindheit in die Welt der Erwachsenen katapultiert wird, in der jeder mit jedem konkurriert und so viele sich über die Schwächsten und Sensibelsten lustig machen. So war es jedenfalls bei Owen. Seit der Grundschule machten ihm drei Schulkameraden das Leben zur Hölle. Dass der Junge intelligent war und gute Noten bekam, half ihm nicht. Auch nicht sein freundliches Wesen, das ihn zu einem Lehrerliebling machte.

Die Peiniger ärgerten ihn immer häufiger. Sie suchten nach seinem wunden Punkt und fanden ihn schnell: Wegen seines Übergewichts war er schlecht in Sport. Er fiel leicht hin, traf die Bälle nicht gut …

Als er die Grundschule hinter sich hatte, atmete er auf. Er dachte, im Gymnasium, mit neuen Mitschülern, bekäme er endlich eine Chance. Aber das Glück war nicht auf seiner Seite. Gleich am ersten Tag, kaum hatte er das Klassenzimmer betreten, traf er wieder auf seine drei Erzfeinde. Jetzt kam er aus der Misere nicht mehr heraus. Selbst das Zeichnen, seine große Leidenschaft, bewahrte ihn nicht vor der Verzweiflung.«

Von plötzlichem Enthusiasmus gepackt, erhob sich Kosei-San von seinem Stuhl.

»Owen ist begabt! Du müsstest seine Zeichnungen sehen! Er hat mir einige Skizzen eines Eisvogels gezeigt. Ich dachte wirklich, jeden Moment schwingt sich der Vogel in die Lüfte und fliegt davon!«

»Was hat er denn dagegen unternommen, als er sah, dass er im Gymnasium wieder dieselben Tyrannen ertragen musste?«, lenkte ich Kosei-San zurück zum Thema. »Warum hat er nicht mit seinen Eltern gesprochen und sie gebeten, ihn auf eine andere Schule zu schicken?«

»Owen ist unglaublich schüchtern, sogar innerhalb der Familie. Außerdem war seine Mutter schon seit Jahren wegen Depressionen in Behandlung, und er wollte ihr keine Sorgen bereiten. Lieber wollte er sich selbst ausradieren.«

»Sich ausradieren?«

»Dasselbe habe ich ihn auch gefragt, als er dieses Wort benutzte. ›Ja, Meister‹, hat er gesagt, ›so wie ich es mit den Figuren mache, die ich auf dem Papier nicht hinkriege.‹ Er hat mir erklärt, dass sich in dieser Zeit zum ersten Mal in seinem Leben seine Schulleistungen verschlechtert hätten, er habe Hausaufgaben nicht mehr gemacht, sich im Klassenzimmer ganz nach hinten gesetzt und mit niemandem mehr gesprochen. Manchmal habe er sogar die Schule geschwänzt, sei stundenlang durch die Stadt gestreift und habe irgendwelchen Mist gegessen. In der Zeit sei er noch dicker geworden und hätte angefangen, gebrauchte Kleidung zu tragen, die er zu Hause auf dem Dachboden gefunden hatte. Sie gehörte wohl einem schizophrenen Onkel, der sich vor einigen Jahren vor einen Zug geworfen hatte.

Ohne es zu wissen, hatte Owen den Weg beschritten, der ihn eines Tages bis zu meiner Hütte führen würde.«

»Wenigstens hat er sich von den Typen befreit, die ihn mobbten«, warf ich ein.

»Keineswegs ...« Der alte Mann hatte wieder am Tisch Platz genommen. »Seine Feinde jagten ihn unbarmherzig weiter. Wie sehr ihre Beute auch verwundet sein mochte, sie hörten einfach nicht auf, ihr nachzustellen. Sie genossen Owens Schmerz. Umzingelt wie er war, wurde er zur leichten Zielscheibe und konnte sich inzwischen auch nicht mehr auf den Rückhalt der Lehrer verlassen. Er war jetzt allein auf der Welt.

Die drei üblen Burschen hatten nun freie Bahn. Sie machten ihm das Leben immer schwerer, eines Tages warfen sie ihn sogar die Treppe hinunter. Wie durch ein Wunder hat er den Sturz überlebt.«

»Und keiner seiner Klassenkameraden hat etwas unternommen?«, fragte ich empört.

»Manche haben gelacht ... Andere empfanden wohl Mitleid mit ihm, schauten aber weg. Schon Einstein hat gesagt: *Die Welt wird nicht bedroht von den Menschen, die böse sind, sondern von denen, die das Böse zulassen.*

Diese Tortur setzte sich noch ein paar Jahre fort. Im Unterricht war Owen inzwischen ein Aussätziger, ein nutzloses Bündel, das einen Platz besetzte. Niemand sprach mehr mit ihm, nicht einmal seine Lehrer, die ihn mittlerweile als Faulpelz abstempelten, ohne zu erkennen, dass der Junge an Depressionen litt. Ich könnte mir vorstellen, dass auch seine Peiniger, die ihm nach der Schule bis vor seine Haustür folgten und sich den ganzen Weg über ihn lustig machten, es nicht wussten.

Nur abends erlebte Owen manchmal glückliche Momente, wenn er ganz für sich war und in der Stille seines Zimmers malte. In dem Skizzenheft aus seinem Rucksack habe ich außer den Vögeln eine Welt voller glücklicher Menschen entdeckt.« Kosei-San strich sich mit der Hand über den Kopf und senkte die Stimme. »Die Kunst hätte das Tor zu seiner Rettung sein können, wenn nicht etwas geschehen wäre, das ihm den Todesstoß versetzt hat.«

»Was ist denn noch passiert?«, fragte ich zornig.

Diese deprimierende, leider gar nicht so ungewöhnliche Geschichte erinnerte mich wieder daran, was mich so sehr am Journalismus gereizt hatte: Ich wollte der Gesellschaft die Augen öffnen, ihr zeigen, was keiner sehen will, Situationen anprangern, die irgendwann zu leidvoller Normalität werden.

Dinge ins Bewusstsein zu rufen, war die einzig wirksame Medizin gegen eine aus Ignoranz geborene Grausamkeit.

Die Geschichte von Owen und allen Owens der Welt verlangte niedergeschrieben und in sämtlichen Schulen der Welt gelesen zu werden. Aber zuvor musste ich das letzte Kapitel kennenlernen.

»Owen fühlte sich gefangen«, fuhr Kosei-San fort, »aber er hatte gelernt, auf seine Weise zu überleben. Oder glaubte es zumindest. Bis er eines Tages fotografiert wurde, als er im Umkleideraum der Sporthalle gerade dabei war, sich umzuziehen. Am nächsten Tag war die ganze Schule mit seinem nackten Körper und seinen überflüssigen Kilos tapeziert. Alle sahen die Fotos, auch ein hübsches rothaariges Mädchen, in das Owen heimlich verliebt war.«

Kosei-San machte eine Erzählpause und stand auf. Er setzte noch einmal Wasser auf und erklärte mit einem traurigen Blick auf die aufgeweichten Teeblätter im Topf:

»Er rannte aus der Schule und ging nicht nach Hause. Er hat mir berichtet, er sei den ganzen Tag durch die Stadt gelaufen. Dann habe er einen Bus genommen und sei die Nacht durchgefahren, hungrig und ängstlich. Im Morgengrauen sei er aufs Geratewohl hier heraufgestiegen. Und um sieben Uhr, als ich ihn zwischen den Felsen aufgehalten habe, sollte sein nächster Schritt ihn aus der Welt katapultieren.«

»Und wie haben Sie reagiert?«

»Ich habe gemerkt, dass Owen eigentlich nicht tun wollte, was er um ein Haar getan hätte, aber nicht wusste, wie er umkehren sollte. In seinem Innern fand ein erbitterter Kampf statt. Ich bat ihn, mich zu begleiten, und bot ihm für die nächsten Stunden eine Waffenruhe an«, sagte er, während er die Teeblätter zum zweiten Mal mit heißem Wasser übergoss. »Ich nahm ihn mit in meine Hütte und versprach ihm einen Tee, den besten Tee, den er je probiert hätte, und das Schweigen eines Menschen, der ihm mit ganzer Aufmerksamkeit zuhören werde. Für den Jungen war es wichtig, dass er seine Geschichte erzählen konnte.«

Kosei-San goss den zweiten *Gunpowder*-Aufguss in die Teekanne und füllte unsere Schalen erneut.

»Jeder von all den Verzweifelten, die hier heraufkommen«, sagte er, »braucht etwas. Und mir bleibt nie viel Zeit, um zu erraten, was es ist. An jenem Morgen, dem ersten, den Owen bei mir verbrachte, tranken wir gemeinsam Tee und aßen etwas. Währenddessen erzählte er. Anschließend saß er ganz still dort, wo du jetzt sitzt«, sagte Kosei-San, auf meinen Stuhl zeigend, »und schaute aus dem Fenster. Irgendwann fielen mir, ohne dass ich es merkte, die Augen zu.«

Es entstand ein kurzes, dramatisches Schweigen. Kosei-San war ein hervorragender Erzähler. Vielleicht weil er schon so viele Geschichten gehört hatte und deshalb mittlerweile wusste, wie man die Flamme der Aufmerksamkeit weiter nährt.

»Irgendwann schreckte ich hoch, und als ich sah, dass Owen

nicht mehr am Tisch saß, befürchtete ich das Schlimmste. Aber dann atmete ich auf. Ich sah ihn auf dem Boden sitzen, an die Wand gelehnt, um ihn herum lauter Stifte. In Gedanken versunken zeichnete er in sein Heft. Ein eigenartiges Strahlen erfüllte den Raum, das weder vom Fenster noch vom Herd kam ... Es kam aus seiner Seele.«

Ich trank einen Schluck Tee, den ich diesmal milder und aus irgendeinem Grund aromatischer fand als den ersten Aufguss. Wie hypnotisiert verfolgte ich jedes Wort des alten Japaners, der auf das Ende der Geschichte zusteuerte:

»Owen hatte in meiner Hütte seinen schwer beladenen Rucksack ausgepackt, aber noch war die Arbeit nicht getan. Er war immer noch ein zarter, geschwächter Vogel. Ich hatte ihm die Tür des Käfigs geöffnet, aber er wusste nicht, wie er hinaus in die Freiheit fliegen sollte. Die Außenwelt blieb für ihn eine Bedrohung, deshalb beschloss ich, ihm Zeit zu geben.«

»Und was haben Sie getan?«

»Ich lud ihn ein, bei mir zu bleiben«, antwortete Kosei-San, als wäre es das Selbstverständlichste der Welt.

»Ich nehme an, er war sofort einverstanden«, erwiderte ich, fast erleichtert darüber, dass dieser Junge, den ich gar nicht kannte, ein wenig Frieden gefunden hatte.

Kosei-San nickte, womit er meine Vermutung bestätigte.

»Ich habe ihm allerdings zwei Bedingungen gestellt.«

Neugierig schaute ich den Meister an.

»Er sollte seine Mutter anrufen, damit sie sich keine Sorgen mehr machte, und eine Weile bei mir bleiben.« Der Alte lächelte, als würde er sich gerade an einen ganz bestimmten Moment von damals erinnern. »Jeden Morgen sind wir bei Tagesanbruch aufgestanden. Ich habe meditiert, und er hat die Ruhe genutzt, um zu zeichnen. Zweifellos war das seine Art und Weise, wieder Kontakt zum Leben und zu sich selbst aufzunehmen. Danach räumten wir die Hütte auf und gingen nach draußen, um die Klippen entlangzuwandern.« Kosei-San trank einen Schluck Tee. »Wenn wir abends in die Hütte zurückkamen, las ich und er zeichnete weiter. So einfach war das.«

»Was hat er denn gezeichnet? Hat er deine Anweisungen befolgt?«

Kosei-San blickte mich verständnislos an.

»Meine Hütte ist ein Ort der Freiheit. Manchmal, wenn er Lust dazu hatte, zeigte Owen mir seine Arbeiten. In seiner Fantasie entstanden alle möglichen Gestalten und Geschichten, die dank seines Talents durch seine Hand zum Leben erweckt wurden.«

Der Meister wartete einige Sekunden, bevor er weitererzählte, und da ich ihn nicht stören wollte, schwieg ich.

»Mit jedem Spaziergang, mit jeder Zeichnung schritt Owens Heilung voran. Es war wunderbar, ihn gleich einem Phönix aus der Asche steigen zu sehen!«

»So einfach war das?«

»Wer behauptet, dass es einfach war? Ich habe nur gesagt, dass es geschah, nicht, dass es schnell, ohne Schmerzen oder Anstrengung passierte.«

Kosei-San sah mich an, und sein Blick schwankte zwischen leichter Verärgerung und Staunen darüber, dass ich so schwer von Begriff war.

»Alle drei Tage gingen wir hinunter ins Dorf«, fuhr er fort.

„Sie haben also Ihre Hütte verlassen?"

Meine Frage war dumm, denn natürlich musste der Alte hin und wieder vom Berg hinabsteigen, um sich mit dem Nötigsten zu versorgen. Aber meinem Journalistenhirn stellten sich noch weitere Fragen: Wie schaffte er es in seinem fortgeschrittenen Alter, ins Tal zu gehen und mit schweren Einkäufen wieder hierher zurückzukehren? Half ihm jemand? Irgendwann würde er das wohl nicht mehr machen können ... Vielleicht kamen die Menschen, die er gerettet hatte, von Zeit zu Zeit vorbei und versorgten ihn mit Lebensmitteln und allem, was er für seinen Haushalt benötigte.

»Alle drei Tage mussten wir seine Mutter anrufen. Erinnerst du dich? Teil unserer Abmachung war ja, dass wir mit seiner Mutter in Kontakt blieben. Übrigens eine reizende Frau, mit der ich im Laufe der Wochen unsichtbare Freundschaftsbande geknüpft habe ... Ich habe sie nie gesehen und doch gespürt, dass ich sie besser kannte als viele andere Menschen! Sie wollte ihren Sohn zurückhaben und wusste, dass das nur gehen würde, wenn es ihr selbst gelang, ihre Depression in Schach zu halten. Das versuchte sie nun mit aller Kraft: Sie begann, regelmäßig einen Therapeuten aufzusuchen, und schloss sich einer Selbsthilfegruppe in ihrer Nachbarschaft an.

Wir wollten beide dasselbe: dass Owen glücklich wird. Ehrlich gesagt habe ich mit niemandem sonst so lange in dieser Hütte zusammengelebt ... Aber vielleicht wirst du ihn ja übertreffen. Wer weiß? Und ich will nicht leugnen, dass ich diesen gutherzigen Jungen lieb gewonnen habe. Ich bat ihn, sich selbst zu respektieren, nur so könne er den Respekt der anderen erlangen. Das bedeutete, tägliche Körperpflege, Haareschneiden und möglichst ordentliche Kleidung. Nicht um einem bestimmten Menschen zu gefallen. Oder doch, er musste vor allem sich selbst gefallen. Als ihm klar wurde, wie sehr seine Mutter ihn liebte und dass sie bereit war, für ihn zu kämpfen, schöpfte er neue Hoffnung. Ich nehme an, auch die Tatsache, dass mir sein Talent aufgefallen war, gab ihm ein wenig Selbstsicherheit. Aber ich weiß nicht, ob wir das alles geschafft hätten ohne den Anruf ...«

»Welchen Anruf?«, fragte ich ungeduldig.

Der alte Mann und seine Geschichten hielten mich unweigerlich in Atem.

»Jede Woche bin ich mit ihm zu einem Einkaufszentrum gegangen. Dort haben wir Lebensmittel und einen neuen Skizzenblock gekauft und danach immer einen Telefonladen aufgesucht, um seine Mutter anzurufen.«

»Und?«

»Eines Tages war die gute Frau nicht allein zu Hause. Jemand war zu Besuch gekommen.«

Der alte Mann stand auf und trat ans Fenster.

Für einen kurzen Moment dachte ich, er würde mich an diesem Punkt der Geschichte im Stich lassen, und wollte schon protestieren, als er sich mit glänzenden Augen zu mir umdrehte.

»Wir Erwachsenen denken immer, nur wir hätten Ahnung von der Liebe. Aber das stimmt nicht.«

Die Bemerkung traf mich unvorbereitet.

»Ich weiß nicht, was Sie meinen.«

»Doch, du weißt es ... Wir glauben, wenn Kinder oder sehr junge Menschen lieben, sei das ohne Bedeutung. Nur wir Erwachsenen wüssten, was wahre Liebe ist. Nur wir verstünden zu lieben. Unsere Liebe sei stark und zu allem fähig. Aber Liebe ist Liebe, bei jedem von uns. Und diese Erfahrung sollte Owen jetzt machen.

An besagtem Tag saß ein rothaariges Mädchen mit Owens Mutter beim Nachmittagskaffee. Lauren, so hieß Owens Mitschülerin, wohnte nur einen Häuserblock weiter. Sie kam jeden Tag auf dem Weg zur Schule und zurück an Owens Haus vorbei. Nach drei Tagen nahm sie allen Mut zusammen und klingelte bei ihm. Vielleicht aus Neugier oder weil ein Lehrer sie dazu ermuntert hatte, oder vielleicht machte sie sich Sorgen um ihren Klassenkameraden, oder ihre Eltern versuchten, ihr Werte wie Solidarität und Mitgefühl beizubringen ... Jedenfalls wartete sie darauf, dass jemand ihr öffnete, um sich zu erkundigen, was aus dem dicken Jungen aus ihrer Klasse geworden war, der so gut zeichnen konnte. Sie wollte ihm sagen, dass sowohl sie als auch ihre beiden besten Freundinnen den Scherz mit den Nacktfotos ganz schlimm gefunden hätten. Und überhaupt nicht witzig. Durch das Fliegengitter in der Tür erzählte ihr eine etwas zittrige Frau, Owen sei verschwunden.

Die Nachricht schockierte sie. Am nächsten Tag ging sie noch einmal zu Owens Haus, um sich zu erkundigen, ob man schon etwas über den Verbleib ihres Klassenkameraden wisse. Seine Mutter jätete gerade im Garten Unkraut. Lauren bot ihr an, ihr dabei zu helfen. Sie berichtete ihr, was eine Woche zuvor passiert war, damit diese verstand, warum ihr Sohn weggelaufen war. Die Mutter teilte ihr mit, dass ihr Sohn zurzeit in einer Hütte im Wald lebe, weil er sich dort sicher fühle. Lauren erzählte ihr, eine Gruppe von Mitschülern hätte aus Empörung dem Direktor einen Brief über Mobbing an der Schule geschrieben. Owen sei nämlich nicht der Erste. Es habe sich herausgestellt, dass auch andere Jungen und Mädchen Opfer dieser Möchtegern-Schlägertypen geworden seien. Da der Vater eines der Schulkameraden Journalist bei der Lokalzeitung sei, habe er einen Artikel über dieses ernste Problem geschrieben. Das müsse Owen unbedingt erfahren!«

»Das ist ja unglaublich«, rief ich, halbwegs versöhnt mit jenen heranwachsenden, pickelgesichtigen menschlichen Wesen.

»Ich bin noch nicht fertig«, sagte Kosei-San, der es offensichtlich nicht mochte, wenn er unterbrochen wurde. Das hatte ich mittlerweile mitbekommen. »Willst du wissen, wie die Geschichte ausging?«

»Natürlich, natürlich ...«

»Ich habe dir ja erzählt, dass eines Tages, als Owen anrief, Lauren bei seiner Mutter war. Erinnerst du dich, dass er ein bisschen in eine Klassenkameradin verknallt war? Das war Lauren. An diesem Tag sprach unser kleiner Freund nicht nur mit seiner Mutter, die allerdings heimlich mit in der Küche saß ... Und ich musste eine Stunde auf der Straße warten, bis das Gespräch mit seiner Freundin zu Ende war! Als wir in meine Hütte zurückkehrten, war er wie ausgewechselt. Er redete wie ein Wasserfall, bot sich an, das Abendessen zu kochen, und statt nur für sich in sein Heft zu zeichnen, wollte er mir das Zeichnen beibringen ...«

Kosei-San lachte.

»Du hättest ihn sehen sollen! Ich weiß nicht, was genau dieses Mädchen zu ihm gesagt hat, aber ...«

»Owen wurde ein anderer Mensch!«

»Naja, nicht von einem Tag auf den anderen ... Sachte, sachte, Herr Journalist. Gute Geschichten müssen langsam garen, du erinnerst dich?

Auf dieses Telefongespräch folgten noch eins und noch eins. Lauren war immer bei Owen zu Hause und wartete auf den Anruf, und Owen sprach mit ihr und mit seiner Mutter. So erfuhr er auch, was alles passiert war, seitdem er weggegangen war, vor inzwischen ... einem Monat!«

»Und da beschloss er, zurückzukehren«, folgerte ich laut. »Die Bösen hatten ihr Fett weg; bestimmt hatten sie aus der Zeitung von ihren Missetaten erfahren und würden ihn nicht mehr so leicht attackieren können.«

»Hier geht es aber, wie in den meisten Geschichten, nicht um Gute und Böse«, wies mich der Alte zurecht. »Es geht um Liebe, erinnerst du dich? Um die Liebe einer kämpfenden Mutter, um die Liebe von Schulkameraden, die sich zusammentun, um eine Ungerechtigkeit anzuprangern, und ... um die Liebe eines Jungen namens Owen.

Nach und nach gewann unser Freund größeres Selbstvertrauen. Die Gewissheit, dass seine Mutter auf ihn wartete, dass andere Menschen sein Talent zu schätzen wussten, dass er jetzt Freunde hatte ... all das ermutigte ihn, die Entscheidung zu treffen, die er schließlich traf. Aber ich erinnere mich noch genau an den letzten Stups. Es war an einem Samstag. Inzwischen waren sechs Wochen vergangen! Langsam machte ich mir Sorgen. Ich hatte nie vorgehabt, meine Hütte in ein Heim für Gestrandete umzufunktionieren, und diese Situation zog sich allmählich sehr in die Länge. Aber ich wollte nicht, dass die Flügel des Vogels brachen, bevor er fliegen konnte ...

Natürlich war einmal mehr Lauren die Antwort. Als Owen sie an jenem Samstag anrief, wagte sie es, ihm etwas zu gestehen. Und zwar hatte sich im vergangenen Schuljahr jemand über den jungen Zeichner lustig machen wollen und ihm ein paar Skizzen geklaut. Einige flüchtig hingeworfene und zerknitterte Zeichnungen, die der kleine Künstler im Schulhof in den Papierkorb geworfen hatte, waren auf Laurens Pult gelandet, versehen mit einer provozierenden Bemerkung. ›Der Komische aus der Klasse spioniert dir nach. Heute zeichnet er dich nur, aber morgen?‹, stand dort. Doch statt sich zu ärgern, wie es der anonyme Schreiber beabsichtigt hatte, staunte Lauren über die Zeichnungen. Sie waren wunderschön! Wie hatte er sie nur anfertigen können, ohne dass sie es gemerkt hatte? An jenem Nachmittag beichtete Lauren Owen am Telefon, dass sie sie behalten habe, weil sie sich darauf so schön fand.«

Als ich das hörte, hätte ich am liebsten applaudiert.

Im Grunde und trotz allem liebte ich ja Geschichten mit gutem Ausgang, auch wenn ich selbst mich damals für einen Pechvogel hielt. Owen war mir sympathisch und er verdiente ein Happy End, ein Mädchen inbegriffen. Das sagte ich auch zu Kosei-San.

Der Meister lachte.

»Du hast es schon wieder zu eilig …«, erwiderte er, diesmal aber ohne Tadel. »Unser Freund Owen kehrte nach Hause und an die Schule zurück, wo er inzwischen gute Freunde hat. An den Wochenenden besucht er einen Zeichenkurs an einer Kunstschule, und angeblich sieht man ihn oft mit einer Rothaarigen Eis essen oder Rad fahren … Was die anderen Opfer dieser Geschichte betrifft - denn Rowdys bleiben nun mal Rowdys –, ihnen ist es anders ergangen. Einer musste die Schule wechseln, ein anderer ist mit der Familie umgezogen, und der Dritte sitzt immer noch in Owens Klasse, aber … jetzt traut er sich nicht mal mehr, ihm etwas zuzuflüstern!«

Der Alte schwieg einen Moment ergriffen.

»Ich weiß es, weil er vorgestern hergekommen ist, um mir zu erzählen, dass die Jungs sich bei ihm entschuldigt und ihm zu dritt einen Kasten mit Farbstiften gekauft hätten. Er hat mir einen wunderschönen Schmetterling gemalt, der sich hier befindet, in meinem kleinen Museum der Erinnerungen. Willst du ihn sehen?«

»Ein andermal vielleicht«, sagte ich, von plötzlicher Unruhe erfasst. »Bevor es dunkel wird, muss ich den Rucksack finden, der mir in die Schlucht gefallen ist.«

8.
DEN NÄCHSTEN WANDERER RETTEN

Als ich zwischen Felsen und Gestrüpp den Abhang hinunter lief, legte sich bereits der Grauschleier des Abends über die Schlucht. Ich war noch nicht ganz unten angekommen, als mir klar wurde, dass keine leichte Aufgabe auf mich wartete.

Durch die extreme Feuchtigkeit, die in der Schlucht, vermutlich einem einstigen Bachbett, herrschte, hatte sich in diesem Graben zwischen den Berghängen ein dichter Vegetationsteppich von einem halben Meter Höhe gebildet. Selbst für den Fall, dass ich mich in der Nähe der Stelle befand, wo der Rucksack gelandet war, hätte ich eine Machete gebraucht, um mir einen Weg zu bahnen.

Nachdem ich mich eine halbe Stunde mühevoll durch dichtes Gestrüpp gekämpft hatte, beschloss ich, meinen Aktionsplan zu ändern.

Wollte ich auch nur die geringste Chance haben, die Urne wiederzufinden, musste ich zum Auto zurückkehren und, falls dieses nicht mangels Benzin seinen Dienst versagte, bis zum nächsten bewohnten Ort fahren, um mir eine Ausrüstung zu besorgen: die größte Machete, die ich finden konnte, und ein paar Wanderstiefel, um mir nicht länger die Füße wund zu scheuern.

Dafür musste ich aber zunächst ein Problem lösen: nämlich den Weg finden, der bis zu der Stelle hinaufführte, an der ich meinen Wagen geparkt hatte. Von dort, wo ich mich gerade befand, war die Aussichtsplattform nicht zu sehen. Einzig meine Intuition und meine geschundenen Füße, die versuchten, sich inmitten des Wildwuchses einen Weg zu bahnen, vermochten mich zu leiten.

Ein Problem jedoch zieht bekanntlich gern ein weiteres nach sich. Während ich einen felsigen Hangabschnitt, der eine Art steile Treppe bildete, hochzuklettern versuchte, ertönte plötzlich ein lauter Knall, als würde der Himmel explodieren.

Ein paar Minuten später prasselten wie ein Fluch dicke Regentropfen auf mich herab.

Rasch machte ich mich auf den Rückweg, verlief mich aber und stand plötzlich vor einem riesigen Dorngestrüpp, das sich wie eine Wand vor mir erhob. Verunsichert blickte ich zum Hang, der zu Kosei-Sans Hütte führte, als ein zweiter Donner krachte, von einem noch heftigeren Regenguss gefolgt, der mich bis auf die Knochen durchnässte.

Da ich mittlerweile um mein Leben fürchtete, hastete ich den Hang hinauf, wobei ich teilweise das, was ich mit Händen und Füßen erreicht hatte, wieder einbüßte, weil ich im Schlamm abrutschte.

Ich hatte nicht einmal ein Zehntel des Aufstiegs geschafft, als mir ausnahmsweise das Glück winkte. Vor mir tauchte der Eingang einer Höhle auf. Sie war niedrig und nicht sehr tief, aber groß genug, um mich vor dem Unwetter zu schützen.

In der Höhle erwartete mich eine zweite glückliche Fügung. Dort lag ein staubiges Bündel, das sich als zusammengefaltete Decke erwies, woraus ich schloss, dass schon einmal jemand hier untergeschlüpft war. Die kleine Geste jenes Unbekannten rettete mir jetzt das Leben.

Hastig riss ich mir die durchnässten Kleider vom Leib und wickelte mich in den dicken Wollstoff, der mich wie eine schützende Hülle umfing.

Während ich die Augen schloss und dem vorausschauenden Menschen dankte, der sie hier zurückgelassen hatte, fiel mir eine Szene aus dem Film *Uzala der Kirgise* ein.

Uzala, ein Jäger, der in Sibirien als einheimischer Führer eine russische Expedition begleitet, verbringt mit der Gruppe eine Nacht in einer verlassenen Hütte. Bevor die Mitglieder der Expedition wieder aufbrechen, bittet er ihren Leiter um etwas Reis, Salz und eine Schachtel Streichhölzer, die er in dem Unterschlupf zurücklassen will.

Als man ihn nach dem Grund dafür fragt, antwortet Dersu Uzala bescheiden: »Wenn nach uns jemand hierher kommt, wird er nicht verhungern.«

Während ich so dalag, in die Decke gewickelt und mit diesen Worten im Kopf, spürte ich, wie mich die Erschöpfung übermannte. Im nächsten Moment fiel ich in einen tiefen Schlaf.

9.
LICHT

Als ich erwachte, war es stockdunkel und ich geriet beinahe in Panik. Eine frische Brise, die mir die Decke von den Füßen geweht hatte, hatte mich aufgeschreckt, und ich brauchte einige Sekunden, bis mir wieder einfiel, dass ich in einer Höhle Zuflucht gesucht hatte. Dort musste die Nacht über mir hereingebrochen sein.

Wie ein Nagetier, das im Kampf ums Überleben vorsichtig seine Umgebung erforscht, spitzte ich die Ohren. Das Gewitter war einem Wind gewichen, der die Blätter in den Bäumen wispern ließ.

Ich tastete nach der Kleidung, die ich mir am Abend ausgezogen hatte. Sie schien nicht mehr ganz so nass zu sein wie in dem Moment, als ich in die Höhle geflüchtet war, aber als ich sie anzog, merkte ich, dass dies eine bloße Hoffnung war. Mit den am Körper klebenden Kleidungsstücken faltete ich die Decke zusammen und legte sie wieder an die Stelle, wo ich sie gefunden hatte.

Bevor ich wie ein glitschiger Wurm aus der Höhle kroch, suchte ich in meiner Tasche nach meinem Handy und schaltete es ein, um es als Taschenlampe zu benutzen. In dieser gottverlassenen Schlucht gab es zwar keinen Empfang, aber mithilfe des Lichtstrahls fand ich wenigstens den Höhlenausgang.

Als ich draußen unter einem sternenklaren Himmel stand, fiel mir ein Sprichwort ein, das ich einmal in einem Deutschkurs gelernt hatte und das auch umgekehrt funktionierte.

Wenn jemand sich zum Beispiel, nachdem er eine kleine Bosheit begangen, einem anderen etwas geklaut oder schlecht über ihn geredet hat, am Kopf stößt oder stolpert, sagen die Deutschen: »Kleine Sünden bestraft der liebe Gott sofort.«

Ich wurde nun umgekehrt dafür belohnt, dass ich die Decke nicht zu meinem Schutz mitgenommen hatte: Als ich den Hang hinaufschaute, sah ich etwa achtzig Meter über mir Licht, das aus Kosei-Sans Hütte schien.

Durchgefroren, wie ich war, musste ich dorthin gelangen, wenn ich mir nicht den Tod holen wollte. Und das ging nur mithilfe der Taschenlampe meines Handys, dessen Akku bald leer sein würde.

Bevor ich mich auf den Weg machte, sah ich auf dem Display, dass es schon nach Mitternacht war. Umso seltsamer kam es mir vor, dass bei Kosei-San noch Licht brannte. Der alte Japaner musste einen guten Grund dafür haben, dass er das bisschen Energie verbrauchte, das die Sonnenkollektoren speicherten, die ich auf der Rückseite seines Häuschens entdeckt hatte.

Hatte er den nächsten Selbstmörder gerettet und führte nun ein intensives Gespräch mit ihm?

Ich war neugierig geworden, was dieser ungewöhnliche Bergwächter gerade tat, und vergaß beinahe, dass ich vor Kälte zitterte. Inzwischen hatte ich einen holprigen Pfad entdeckt, der bis zum Gipfel zu führen schien.

Mehrmals musste ich mir Brombeerranken von den Beinen reißen, die mir ins Fleisch stachen, musste Felsbrocken aller Art ausweichen sowie einem umgestürzten Baumstamm, wegen dem ich fast in die Schlucht hinabgestürzt wäre.

Etwa zehn Meter, bevor ich den Felsenvorsprung erreichte, der zu der kleinen Ebene und Kosei-Sans Hütte führte, gab meine Handytaschenlampe den Geist auf. Inzwischen aber leuchteten die Sterne über dem Dach des kleinen Häuschens so hell, das sie an die Scheinwerfer einer Theaterbühne erinnerten, auf der jeden Moment eine Vorstellung beginnt.

Ich selbst spielte dabei die Rolle des verirrten Wanderers, der in Kürze zum zweiten Mal am selben Tag mehr tot als lebendig die Hütte erreichen würde.

Auf der Aussichtsebene angekommen, beschleunigte ich meine Schritte und fragte mich, wie Kosei-San wohl reagieren würde, wenn ich eine seiner lebensrettenden Sitzungen bei Tee und vertraulichem Gespräch unterbrach.

Vorsichtig hielt ich ein Ohr an die Tür und lauschte auf Stimmen oder Geräusche im Innern der Hütte, aber kein Laut drang nach draußen.

Ich vermutete, dass der Alte eingeschlafen war und die Lichter hatte brennen lassen, und war schon im Begriff, ihm durch Klopfen an seiner Tür einen Todesschreck einzujagen, da merkte ich, dass sie offen war.

In diesem verlorenen Winkel gab es ja auch nichts zu stehlen, sagte ich mir, und drückte die Tür behutsam auf.

Als hätte er meinen Kampf mit dem Berg verfolgt, empfing der alte Wächter mich mit einem Lächeln und füllte einen tiefen Teller mit einer auf dem Herd dampfenden Suppe.

»Ich habe auf dich gewartet … Iss diese Suppe, aber zieh dir vorher die Sachen aus. Ich bring dir ein paar Kleidungsstücke, die jemand, der ungefähr so groß war wie du, hier zurückgelassen hat.«

10.
DIE BEIDEN GESCHENKE

Die trockene Kleidung eines Fremden, dessen schlimme Geschichte ich nicht kannte, und die Miso-Gemüse-Suppe holten mich ins Leben zurück. Und anschließend munterte mich ein Gläschen warmer Sake auf.

»In meinem kleinen Museum der Erinnerungen steht ein Gästebett«, sagte Kosei-San, während er Suppenschale und Löffel vom Tisch räumte.

»Bevor ich mich schlafen lege«, entgegnete ich, »würde ich Sie gern etwas fragen, falls Sie nicht zu müde sind.«

»Nur zu …«, antwortete er, setzte sich wieder an den Tisch und betrachtete mich aufmerksam.

»Ich wüsste gern, was Sie hierher geführt hat. Was haben Sie vorher gemacht? Und warum leben Sie an einem so einsamen Ort?«

»Die Geschichte ist zu lang, als dass ich sie dir heute Nacht erzählen könnte … aber ich kann dir verraten, wer der erste Mensch war, den ich gerettet habe.«

Erfreut stimmte ich zu. Das war besser als nichts, also stellte ich mich darauf ein, eine weitere Rettungsgeschichte zu hören, die dritte nach der von Rose.

»Wie du dir denken kannst, bin ich nicht in dieser Hütte am Abgrund geboren. Ich stamme nicht mal aus diesem Landesteil. Ich bin ein Stadtmensch, obwohl ich seit meiner Kindheit das Gefühl hatte, dass Hochhäuser, laute Straßen, Verkehr, Umweltverschmutzung eigentlich nichts für mich sind. Hattest du nie das Gefühl, dass das Leben dich an einen Ort gepflanzt hat, der nicht zu dir passt?«

»Ich würde fast sagen, genau das ist meine Lebensgeschichte, aber bitte erzählen Sie weiter.«

»In meiner Kindheit und Jugend und auch viel später habe ich immer gespürt, dass ich in die Berge gehöre. Deshalb beschloss ich, als ich endlich im Ruhestand war und meine Zeit nur noch mir gehörte, die verschiedenen Regionen unseres Landes kennenzulernen.

Von meiner früheren Arbeit erzähle ich dir ein andermal, aber was ich dir sagen kann, ist, dass ich vierzig Jahre lang fünf Mal die Woche morgens um zehn nach sechs das Haus verlassen habe, um zur Arbeit zu fahren. Inmitten elender Staus fuhr ich fünfundvierzig Kilometer bis zu meinem Büro, saß dort bis sechs Uhr abends und fuhr wieder fünfundvierzig Kilometer zurück. Weißt du, wie viele Tausende von Kilometern über einen so langen Zeitraum zusammenkommen?

Ich habe mal kalkuliert, dass ich alle zwei Jahre einmal die Welt umrundet habe. Und trotzdem bin ich nie irgendwo gewesen. Ich habe keine atemberaubenden Landschaften gesehen und keine neuen Leute kennengelernt. Deshalb nahm ich mir vor, sobald wie möglich einen Teil meiner Ersparnisse zu nutzen und in all die Winkel der Erde zu reisen, die ich vor meinem Tod noch kennenlernen wollte.«

»Und dieser abgeschiedene Ort lag auf Ihrer Route? Ich selbst wäre niemals hierhergekommen, wenn ich nicht …«

»Diese Felsenklippe war sogar einer der wichtigsten Orte auf meiner Route, wenn nicht der wichtigste«, protestierte er, und als er mein erstauntes Gesicht sah, fügte er hinzu: »Ich habe einer ganz besonderen Person versprochen, dass ich kommen würde, um den Ort kennenzulernen. Zwar sind seit diesem Versprechen viele Jahre vergangen, aber Versprechen, die man aus Liebe macht, verfallen nie, deshalb ...

Naja, lassen wir das. Als ich hier ankam, war ich schon einige Wochen gereist. Ich war glücklich, und meine Netzhaut war überschwemmt von Grün- und Blautönen, von Land und Meer.

Eines Morgens in aller Frühe bin ich hier heraufgewandert. Ich wollte hier oben den Sonnenaufgang erleben! Heute wirst du ja sehr spät ins Bett gehen, ich hoffe aber, dass du ihn an einem anderen Tag sehen kannst. Es ist ein einzigartiges Erlebnis und erinnert mich an etwas, das John Lennon einmal gesagt hat: ›*Sei nicht traurig, wenn du etwas Edles und Schönes tust und es anscheinend niemand mitbekommt. Denn der Sonnenaufgang am Morgen ist immer ein wundervolles Schauspiel, und da schläft der größte Teil des Publikums.*‹«

Plötzlich schien der alte Mann es nicht mehr eilig zu haben, daher erlaubte ich mir, uns beiden von dem noch warmen Sake in der kleinen Kanne nachzuschenken.

»Wenn die Sonne hinter den Bergen aufgeht, treffen ihre Strahlen jeden Felsen, verlieren sich in jeder Ritze, wecken jede Pflanze auf ... Ein Wunder, das jeden Tag an Millionen Orten auf der Erde geschieht, und doch wollen viele lieber im Dunkeln leben.

An diesem Tag also stand ich hier am Rand der Klippe und dachte über all diese Dinge nach, als ich sie plötzlich entdeckte. Mein erster Gedanke war: Was für schönes Haar! Ja, lach nicht«, sagte er mit tadelndem Blick. »Ihr langes glattes, weißes Haar reichte ihr bis zur Taille.

Nach der ersten Überraschung fiel mir auf, dass diese Frau, die um die sechzig, aber noch sehr gut in Form war, etwas Beunruhigendes ausstrahlte. Sie stand ganz still am Klippenrand, als versuchte sie, sich die Landschaft in allen Einzelheiten einzuprägen, als betrachtete sie sie zum letzten Mal …«

Um sich zu beflügeln, trank Kosei-San einen Schluck von dem Sake, den ich ihm eingegossen hatte.

»Das wurde mir schlagartig klar!«, rief er. »Ich weiß nicht, wie diese Erkenntnis in meinen Gedanken Form annahm, aber plötzlich spannten sich all meine Muskeln, als besäßen sie ein Eigenleben. Und bevor mir bewusst wurde, was ich tat, ergriffen meine Hände eine ihrer Hände, genau in dem Moment, als sie schon halb über dem Abgrund schwebte.«

»Oh Gott …«

Das rätselhafte Lächeln, das sich nun auf Kosei-Sans Gesicht ausbreitete, verriet mir, dass der Meister für einige Sekunden meine Anspannung auskostete.

Dann sprach er weiter, ruhiger und als würde er die Geschichte aus einem fernen Winkel seines Gedächtnisses zurückholen. Es war, als kämpfte er sich durch einen endlosen Tunnel aus Erinnerungen und verstaubten Wörtern und suchte nach denen, die zu jener ersten Episode seines langen zweiten Lebens gehörten.

»Sie trug eine Tunika in lebhaften Orange- und Gelbtönen … Und für einen kurzen Moment erinnerte sie mich an den Drachen, den mein Vater mir gebaut hat, als ich klein war … Manchmal ging ein so stürmischer Wind, dass ich ihn ganz fest halten musste, damit er nicht davonflog, auf die Gefahr hin, selbst fortgeweht zu werden. So ähnlich war es an diesem Morgen auf der Felsenklippe.

Es heißt ja, kurz vor dem Tod sähe man Szenen aus dem

eigenen Leben rasend schnell an sich vorüberziehen. Als mir bewusst wurde, dass diese Frau mich mit in die Tiefe zu reißen drohte, zog tatsächlich für einen Augenblick ein Teil meines Lebens an mir vorbei.

Statt die Frau loszulassen, um mein eigenes Leben zu retten, zog ich mit aller Kraft in die Gegenrichtung, so fest, dass ich auf den Rücken fiel und der menschliche Drachen auf mir landete.«

»Und was hast du da gemacht?«, fragte ich beeindruckt.

»Zunächst gar nichts. Die Frau weinte nur, weinte und weinte, als wollte sie ihren Kummer nicht mehr zurückhalten.

Ihre Tränen sickerten durch mein Hemd, sodass meine Brust ganz feucht wurde, während ich über ihr schönes Haar strich. Als ich merkte, dass sie ruhiger wurde, drehte ich vorsichtig und ohne ein Wort zu sagen ihr Gesicht zu mir. Ihre Augen waren zwei tiefe schwarze Brunnen voller Verzweiflung.

Ich half ihr auf, und dann standen wir beide auf dieser Felsenklippe. Da ich nicht wusste, was ich tun oder sagen sollte, weil ich noch nie einen Selbstmörder vor mir gehabt hatte, umarmte ich sie einfach nur. Sie lächelte kurz, und da ging an diesem Morgen ein zweites Mal die Sonne auf.

Aber plötzlich bekam ich es mit der Angst. Falls ich sie jetzt lediglich mit ein paar ermutigenden Worten verabschiedete, würde sie, sobald ich sie aus den Augen verloren hätte, endgültig in den Tod springen. Und ich wäre nicht da, um sie zu retten.

Um Zeit zu gewinnen, fragte ich sie: ›Willst du mir nicht deine Geschichte erzählen?‹

›Welche Geschichte?‹, murmelte sie.

›Deine. Wir haben alle eine. Ich heiße Kosei-San. Und du?‹

›Ich heiße Amanda, aber sollen wir uns hier unterhalten? Hier am Ende der Welt?‹, fragte sie, während sie ihr Haar mit ein paar Handgriffen zu einem Knoten zusammenband. ›Und ohne dabei eine Tasse Tee zu trinken? Eigentlich hat mein Tag nicht auf die allerbeste Art begonnen …‹

Unwillkürlich musste ich lachen. Diese Frau besaß trotz allem Humor, eine ihrer wunderbarsten Waffen. Sie hatte die Schlüssel zu dieser Hütte hier und bat mich hinein.«

»Und was geschah bei diesem ersten Tee?«, fragte ich, den Faden wieder aufgreifend. Amandas Geschichte interessierte mich brennend. »Was hatte eine so ungewöhnliche Frau an den Rand des Selbstmords getrieben?«

Kosei-San legte mir seine schmale Hand auf die Schulter, als wollte er sich für meine Frage bedanken. Sein Blick wanderte unruhig durch den Wohnraum wie auf der Suche nach den Spuren jener Tage, als sein eigenes Leben einen neuen Sinn erhielt.

»Bei jenem ersten Mal habe ich viel gelernt, Toni. Amanda war eine wahre Meisterin. Als Erstes habe ich gelernt … dass man nicht leichthin urteilen darf! Jeder Mensch hat seine Gründe, warum er leben oder sterben will, und meine wichtigste Aufgabe war die, zuzuhören, ohne zu bewerten.

›Von dieser Klippe aus habe ich Hunderte Male die Sonne aufgehen sehen‹, erzählte mir Amanda, ›obwohl ich aus New York bin. Diesen Ort habe ich als junges Mädchen gemeinsam mit einem Freund entdeckt, mit dem ich durchs Land getrampt bin. Wir haben uns ganz einfach in ihn verliebt. Ich fing damals an zu malen, und er machte gerade eine Ausbildung zum Fotografen. Wir liebten beide Licht und Farben. Wir hatten vor, diese Hütte, die einem Anwalt aus Luckyfield gehörte, zu kaufen, sobald wir von unserer Kunst leben konnten.«

»Und haben sie ihr Vorhaben verwirklicht?«, fragte ich Kosei-San, der sich an jedes Wort erinnerte, das die Frau gesagt hatte. Zweifellos hatte sie ihn fasziniert. Oder sogar mehr als das.

»Sie erzählte mir, nach dem Abschluss ihres Kunststudiums habe sie begonnen, Einzelunterricht zu erteilen, habe als Illustratorin für Zeitschriften gearbeitet und mehrmals die Stadt gewechselt ... Bis eines Tages das Glück an ihre Tür geklopft habe. Ein angesehener Kritiker wollte für eine renommierte Zeitschrift einen kleinen Artikel über eine ihrer Zeichnungen schreiben, mit der sie die Speisekarte eines griechischen Restaurants illustriert hatte – stell dir das mal vor!«

»Man weiß nie, wo das Glück auf einen wartet«, sagte ich aus eigener Erfahrung. »Oder das Unglück.«

»Daraufhin beschloss ein Galerist, in diesem Restaurant, in dem Amanda selbst als Kellnerin arbeitete, essen zu gehen und sich bei der Gelegenheit ihre Zeichnungen anzuschauen. Das hat ihr die Türen zu seiner Galerie geöffnet, in der dann ihre erste Ausstellung stattfand. Zehn Jahre später konnte Amanda ihr Vorhaben wahrmachen und dieses Häuschen kaufen. Allerdings nicht zusammen mit ihrem damaligen Freund, dem Fotografen, sondern mit ihrem ersten Mann, einem New Yorker Ökonom, der sich aber in den Tagen, die sie beide hier verbrachten, tödlich langweilte.

Als sie sich fünf Sommer später von ihm scheiden ließ, behielt sie die Hütte und kam weiterhin regelmäßig her. Allein oder in Begleitung, mit ihrem zweiten Mann, mit mehreren Liebhabern, mit Freunden, mit Schülern ... Sie war sehr glücklich hier und versicherte mir, sie habe hier ihre besten Werke geschaffen.«

»Und warum wollte sie dann eines Tages in die Tiefe springen?«, fragte ich verwundert.

»Das habe ich sie auch gefragt …«, murmelte Kosei-San. »Sie schwieg ein paar Minuten, bevor sie etwas erwidert hat. Sie wandte den Blick nicht von ihrer Tasse, so als versuchte sie, im Bodensatz des Waldfrüchte- und Hibiskustees, den wir gerade tranken, irgendetwas zu lesen. Schließlich hat sie mir vollkommen gefasst geantwortet.

›Ich habe Alzheimer‹, hat sie gesagt. ›Ich weiß zwar nicht, wann genau ich zu atmen aufhören werde, aber ich habe in etwa eine Vorstellung davon, wann ich zu leben aufhören werde: in spätestens einem Jahr. Oder gehörst du zu denen, Kosei-San, die glauben, atmen sei dasselbe wie leben? Leben ist malen, lachen, reisen, nachdenken, sprechen, sich erinnern, träumen, lieben … In weniger als zwölf Monaten werde ich das alles nicht mehr können. Amanda Sean, die Künstlerin, die Geliebte, die Freundin, die Lehrerin, wird tot sein. In meinem Geist werden keine Farben und keine Klänge mehr sein. Nur absolute Leere und Stille. Glaubst du, das ist Leben?‹«

»Was haben Sie ihr geantwortet?«, fragte ich beklommen.

»Ich konnte nur *Nein!* schreien und meine Hände vors Gesicht schlagen. Amanda hat mich entrüstet angeschaut, zu Recht. Sie selbst hatte ihr Urteil akzeptiert. Und dieser Fremde wagte es, an ihrer Stelle aufzuschreien? Zum Glück hat sie verstanden, dass es ein ehrlicher Schrei war, und mich nicht aus der Hütte geworfen. Und ich bin sehr froh, dass sie es nicht getan hat, denn an diesem Morgen hat sie mir ein sehr wertvolles Geschenk gemacht. Oder besser gesagt, zwei Geschenke, die meine ganze Welt auf den Kopf gestellt haben.«

Kosei-San schwieg. Es schien ihm zu gefallen, mich auf die Folter zu spannen. Und an mir nagte die Neugier: Welche zwei Geschenke hatte diese großartige Frau ihm gemacht?

»Amanda hat mir ein zweites, ein sinnvolles Leben geschenkt«, sagte Kosei-San, ohne meine Frage abzuwarten. »Sie hat den Mann des Abgrunds, wie du mich nennst, aus mir gemacht. Beim Abschied, nachdem wir uns umarmt hatten, hat sie mich gefragt: ›Weißt du, woran ich gedacht habe, als ich über dem Abgrund hing?‹

Gespannt habe ich sie angeschaut. Als sie da vor der Tür der Hütte stand, in Morgenlicht gebadet, kam sie mir vor wie die schönste Frau der Welt. Bevor ich zu meinem Hotel in Luckyfield zurückkehrte, war mir, als hätte Amanda sich verdoppelt, als wäre sie nicht nur die Frau, die sich in Kürze in den Tunneln des Vergessens verlieren würde, sondern zugleich die Frau, die nie aufhören würde zu strahlen.

›Ich habe an all die Hände gedacht‹, sagte sie, ›die ich ergriffen habe, seit ich geboren bin. Die meiner Eltern und Großeltern, die meiner Freunde, meiner Schüler, der Journalisten und Kollegen ... und dass die letzte Hand die eines Fremden sein würde. Du würdest meine letzte Hand sein.‹

Als ich am nächsten Morgen nach dem Frühstück in meinem Hotel auscheckte, übergab mir der Mann am Empfang einen verschlossenen Umschlag. Darin steckte der Schlüssel des Häuschens und eine Nachricht: *Danke für die letzte Hand, liebe Grüße, Amanda.*«

Von Rührung ergriffen, wischte sich Kosei-San mit einem weißen Stofftaschentuch über die Augen. Als er sich wieder gefangen hatte, zog er sich seine Wollmütze vom Kopf und legte sie vor sich auf den Tisch, zum Zeichen seines Respekts vor der Frau, die es ihm ermöglicht hatte, ein neues Leben zu beginnen.

»Amanda hatte mir soeben das Häuschen ihrer Träume geschenkt und noch etwas Wertvolleres ... Sie hatte mir die Mission geschenkt, die meinem Leben einen Sinn geben sollte. Sie hat aus mir den Wächter der Felsenklippe gemacht, die rettende Hand für Verzweifelte, die diesen Ort als Endstation ihrer Reise wählen.«

»Und was ist aus Amanda geworden?«

»Wir haben uns nie wieder gesehen …«, sagte Kosei-San beklommen. »Ich nehme an, dass Amanda ein paar Monate später, so wie von den Ärzten prognostiziert, eine Reise tief in ihr Inneres antrat, so tief, dass sie den Rückweg vergaß. Doch vorher ließ sie mir noch das Ölbild zukommen, das über dem Kopfende deines Bettes hängt.«

11.

DAS KLEINE MUSEUM DER ERINNERUNGEN

Es war bereits drei Uhr morgens, als ich mich in das Zimmer zurückzog, von dem ich irrtümlich annahm, dass ich nur diese eine Nacht dort verbringen würde.

Nachdem ich im spartanischen Bad des kleinen Häuschens unter einem dünnen, kalten Wasserstrahl geduscht hatte, setzte ich mich im Gästezimmer, das Kosei-Sans Zimmer gegenüberlag, aufs Bett.

Amandas letztes Ölbild war kleinformatig, aber sein Inhalt von großer existenzieller Bedeutung. Ich konnte den Blick einfach nicht von dieser Hand wenden, die sich, von Leere umgeben, einer anderen Hand entgegenstreckte.

Hätte ich die Möglichkeit gehabt, mein Handy zu laden, hätte ich es mit Blick auf meine geplante Reportage fotografiert. Ich wollte sie ohnehin durch Aufnahmen des Meisters bei seiner Arbeit als Wächter am Abgrund ergänzen.

Zum Beispiel Kosei-San in der Ferne und von hinten, wie er die Felsenklippe bewacht. In seiner Küche am Herd beim Aufsetzen des Wassers. Am Tisch in seiner Rolle als Lebens- und Teemeister.

Ich konnte mir den Artikel schon in der Sonntagsbeilage einer großen Tageszeitung vorstellen, wenngleich eine innere

Stimme mich davor warnte, die Dinge zu überstürzen. Ich war gerade erst hier angekommen, im Tempel der Letzten Hand – wie ich den Ort möglicherweise nennen würde -, und hatte schon drei Geschichten mit gutem Ausgang gehört.

Aber ich wollte noch mehr erfahren.

Andererseits stand noch immer die lästige Sache mit der Urne an. Ich konnte mich einfach nicht damit abfinden, dass Jonathan einsam dort unten in der verlassenen Schlucht lag, hatte er sich doch ausdrücklich gewünscht, an einem anderen Ort seine letzte Ruhe zu finden.

Über all das dachte ich nach, während ich mich in meinem zwei Nummern zu großen Pulli, der mir als Pyjamaersatz diente, in dem »kleinen Museum der Erinnerungen«, wie Kosei-San den Raum genannt hatte, umschaute.

Mit einer brennenden Kerze in der Hand entdeckte ich in der Nähe des Fensters Owens Eisvogel. Die Zeichnung war wirklich ein kleines Wunderwerk der Strukturen und Farben, deren Zusammenspiel ungewöhnliche Effekte erzeugte.

Ich wanderte weiter mit der Kerzenflamme die Wand ab und hielt vor einem Bild inne, auf dem ich die junge Rose am Tag ihrer Hochzeit mit Josh zu erkennen glaubte ... Es war vermutlich das Foto, das sie am Tag, als sie in die Tiefe springen wollte, in der Hand gehalten hatte.

Auf diesem Festtagsfoto sah das Paar hinreißend aus. Beide strahlten vor Glück, einem gegen alles gefeiten Glück, und nichts ließ erahnen, welch schwere Prüfung das Schicksal für sie bereithielt.

Wie zerbrechlich ist doch das Glück, sagte ich mir, als ich zu meinem Bett zurückkehrte, den Kerzenhalter mit der brennenden Kerze in der Hand.

Ich stellte ihn auf dem Nachttisch ab, auf dem eine Gedichtsammlung von Kavafis lag, dem großen Poeten der Endzeit des griechischen Alexandria. Vermutlich hatte der letzte Lebensreisende, der hier übernachtet hatte, sie zurückgelassen.

Beim Durchblättern des Buchs blieb ich zufällig an einem Gedicht mit dem Titel Kerzen hängen.

> *Die zukünftigen Tage stehen vor uns*
> *wie eine Reihe brennender Kerzen –*
> *goldene, heiße Kerzen voller Leben.*
> *Die vergangenen Tage bleiben zurück*
> *eine traurige Reihe erloschener Kerzen;*
> *von den uns nächsten steigt noch Rauch auf,*
> *kalte Kerzen, zerschmolzen und krumm.*
> *Ich will sie nicht betrachten;*
> *mich schmerzt ihr Bild,*
> *und der Gedanke schmerzt mich*
> *an ihr früheres Licht.*
> *Nach vorne blick' ich auf meine brennenden Kerzen.*
> *Ich will mich nicht wenden,*
> *damit ich nicht erschaudernd seh,*
> *wie schnell die dunkle Reihe länger wird,*
> *wie schnell die erloschenen Kerzen sich mehren.*[*]

Das war nicht gerade die beste Lektüre, um mich aufzumuntern, da sich zu meiner Verzweiflung und meinen Ungewissheiten nun noch das Bild von der Flüchtigkeit des Lebens gesellte.

Nachdem ich mich eine Weile im Bett hin- und hergewälzt

---

[*] © Konstantinos Kavafis, Brichst du auf gen Ithaka... – Sämtliche Gedichte, Griechisch Deutsch, erschienen im: Romiosini-Verlag, Köln 2009, in der Übertragung von Wolfgang Josing unter Mitarbeit von Doris Gundert und in der Bearbeitung von Alexios Mainas

hatte, war ich mir sicher, dass ich kein Auge zutun würde. Trotz der späten Stunde war ich überhaupt nicht müde.

Agnostisch bis aufs Mark, hatte ich stets die Überzeugung vertreten, dass Tote nirgendwo hingehen. Ich wusste einfach nicht, ob es ein Leben nach dem Tod gab. Trotzdem bedrückte mich der Gedanke an Jonathans Überreste, die draußen im feuchten Dickicht lagen, Regen, Staub, Insekten und wucherndem Moos ausgesetzt.

Es bedrückte mich, meinen Bruder da unten so allein und verloren zu wissen.

Und so folgte ich einem irrationalen Impuls, sprang aus dem Bett und schlüpfte wieder in die geliehenen Sachen.

Mond und Sterne warfen sanftes Licht in die Räume des Hauses, sodass ich ohne Mühe den Weg zur Tür fand, die nach wie vor unverschlossen war.

Draußen überraschte mich die nächtliche Stille unter einem sternenübersäten Firmament, unter dem sich die Umrisse der schroffen Landschaft deutlich abzeichneten.

Wie einer jener Verzweifelten, die es an den Rand des Abgrunds zog, näherte ich mich der Felsenklippe und hoffte, Kosei-San möge tief und fest schlafen, um mir nicht zu folgen.

Behutsam wählte ich jeden Schritt auf den regenfeuchten Felsen, bis ich das Ende der kleinen Plattform erreichte, an der mich der Japaner gefunden hatte.

Ich blickte hinunter in die bewaldete, im milchigen Mondlicht liegende Schlucht.

Obwohl ich wusste, dass mein Bruder mich nicht hören konnte, schon gar nicht aus dieser Höhe, hatte ich das Bedürfnis, zu ihm zu sprechen.

»Ich weiß nicht, wo du abgeblieben bist, Jonathan, aber es ist mir egal. Danke, dass du mich hierher geführt hast.«

12.
DER BITTERE TEE DES SCHEITERNS

Wie ein seltsames Wesen, das aus seiner Höhle gekrochen kommt, steckte Kosei-San seinen Kopf ins Wohnzimmer, in dem ich am Tisch saß und auf den Tagesanbruch wartete.

»Es ist noch früh«, sagte er. »Ich mache uns einen Tee.«

Unter seinen Augen zeichneten sich tiefe Ringe ab. Ich selbst hatte kaum geschlafen, aber auch der Meister schien keine geruhsame Nacht verbracht zu haben. Mit leichten Gewissensbissen fragte ich mich, ob er meine nächtliche Eskapade nicht doch bemerkt hatte.

»Ich muss hinunter in die Schlucht, um …«, versuchte ich zu erklären, warum ich hier saß.

»Kann das nicht noch eine halbe Stunde warten?«, unterbrach er mich. »Ich hätte da noch eine Geschichte.«

Ich nickte erfreut. Dieser Mann schien mich mittlerweile gut zu kennen. Letztendlich, dachte ich, würden der Rucksack und Jonathan sich ja nicht von dort wegbewegen, wo sie jetzt lagen. Dagegen könnte Kosei-Sans Wunsch, die angekündigte Geschichte zum Besten zu geben, bei meiner Rückkehr schon wieder verflogen sein.

»Ich möchte dir von jemandem erzählen …«, sagte der Alte, während er den Tee vorbereitete.

In seinen Worten lag eine vage Traurigkeit, und sein Blick verriet eine gewisse Beklemmung. Da begriff ich, dass nicht ich ihm den Schlaf geraubt hatte. In der Nacht hatte ihn ein Gespenst aus der Vergangenheit heimgesucht, und nun versuchte er, es ins Leben zurückzuholen.

Er wartete, bis der *Gunpowder* neben einem Teller mit Marmeladentoasts auf dem Tisch stand, und begann zu erzählen:

»Leonard war ein Mann um die fünfzig. Eine eher unauffällige Erscheinung. An seiner Frisur und seiner Kleidung und auch an der Art, wie er sich bewegte, war nichts Besonderes. Und doch wusste ich, als ich ihn hier umherstreifen sah, dass etwas mit ihm nicht stimmte.

Ich ging auf ihn zu und begrüßte ihn, und er lächelte mich an. Dann machte er eine Bemerkung über das Wetter und lief weiter die Felsenklippe entlang.

Ich beschloss, ihm unauffällig zu folgen. Der Mann hatte nichts bei sich. Er sah aus wie jemand, der nur mal eben aus dem Haus gegangen ist, um die Zeitung zu kaufen: Er hatte weder einen Rucksack noch eine Landkarte oder einen Fotoapparat dabei ... Was mich besonders beunruhigte, waren seine eleganten Schuhe.

Damals lebte ich erst knapp ein Jahr in dieser Hütte, aber ich wusste, dass ich diesen Mann nicht aus den Augen lassen durfte. Ich blieb also dicht hinter ihm, aber er schien mich nicht zu bemerken. Er wirkte ganz in sich versunken.

Nach einigen Minuten erreichte Leonard am Ende der Klippe eine Stelle, an der die Felswand senkrecht in die Tiefe fällt. Ich sah, wie er stehen blieb. Er wirkte ganz ruhig. Sein Blick war auf einen Punkt am Horizont gerichtet, als wollte er noch nicht in die Leere zu seinen Füßen schauen.

Dann setzte er sich so auf die Felsenkante, dass seine Beine über dem Abgrund hingen, und begann, wie zerstreut vor und zurück zu schaukeln.«

Nachdem ich einen Bissen von meinem Marmeladentoast gegessen hatte, drängte es mich, Kosei-San kurz zu unterbrechen.

»Offenbar gab es diese alarmierenden Hinweise«, mischte ich mich kurz ein. »Ein einsamer Mann in Alltagskleidung, der nichts bei sich hat, das ist natürlich verdächtig. Aber die Szene, die Sie mir beschreiben, wirkt sehr friedlich. Dieser Leonard schien es mit seinem Sprung in den Abgrund nicht eilig zu haben. Hat Sie das nicht stutzig gemacht?«

Kosei-San trank einen Schluck aus seiner dampfenden Teeschale, die für einen Moment sein faltiges Gesicht verbarg.

»Weißt du, Toni«, antwortete er schließlich, »die Menschen, die hierherkommen, um in den Tod zu gehen, haben oft das Bedürfnis, dies in mehreren Phasen zu tun. Man denkt, es sei einfach, einen Schritt zu machen … und dann noch einen, aber das ist es nicht. Ich glaube vielmehr, dass die Füße sich weigern, den letzten Schritt ins Leere zu tun. Das Leben, das in uns fließt und uns auf der Erde festhält, bäumt sich ein letztes Mal dagegen auf.

Später hat Leonard mir erzählt, er habe sich hinsetzen müssen, weil seine Beine ihm nicht mehr gehorchten. Während er sie so über dem Nichts habe baumeln lassen, um Kraft zu schöpfen, habe er gedacht, dass der Sprung in die Tiefe bestimmt einfacher wäre, wenn man nicht die strahlende Sonne und den weiten Himmel vor Augen hätte. Deshalb habe er auch auf den Felsenboden geschaut. Er hatte nicht damit gerechnet, dass ein alter Mann sich neben ihn setzen und ihn zu einer Tasse Tee einladen würde. Das hat seine Pläne über den Haufen geworfen … wenn auch nur für ein paar Stunden.«

Kosei-San verstummte. Seinem unruhigen Blick entnahm ich, dass der Mann sich ein zweites Mal an die Felsenkante gesetzt hatte.

»Ich merkte sofort, dass Leonard ein gebildeter Mann war, gewohnt, von anderen Menschen Anerkennung zu bekommen. Er erzählte mir, er sei viele Jahre lang kaufmännischer Direktor einer kleinen Firma gewesen, bis sein Leben eines Tages aus der Spur geraten sei.

›Ich mache gerade eine schwierige Zeit durch‹, erklärte er mir. ›Deshalb bin ich hier hoch gekommen. Ich suche ein wenig Frieden in der Natur.‹

Ich sah ihn verständnisvoll an und lud ihn auf einen Tee zu mir ein. Er war sofort einverstanden, und als wir hier ankamen, erzählte er bereitwillig von sich selbst. Es gab viele Hinweise, die mich hätten aufmerksam machen müssen auf das, was geschehen würde, aber damals war ich noch nicht fähig, sie zu erkennen«, sagte Kosei-San niedergeschlagen.

»Was hat er Ihnen erzählt?«, fragte ich, um ihn zum Weiterreden zu animieren.

»Er sagte, er sei ein sehr glücklicher Mann gewesen, bis er das Spielen begonnen habe. Bis dahin habe er alles gehabt, was ein Mann sich wünschen kann. Frau und Tochter, beide wunderbar, viele Freunde, eine Arbeit, die ihm Respekt einbrachte, ein eigenes Haus …«

Kosei-San wechselte plötzlich das Thema und fixierte mich dabei mit seinen listigen kleinen Augen: »Findest du den Tee zu bitter?«, fragte er. »Vielleicht habe ich ihn zu lange ziehen lassen …«

Ich hatte das Gefühl, dass diese Geschichte ihm besonders wehtat, mehr als alle anderen.

»Nein, er ist milde«, antwortete ich in der Hoffnung, er werde zu der Szene zurückkehren, die sich vor vielen Jahren hier abgespielt hatte.

Kosei-San neigte den Kopf und tauchte erneut in seinen Bericht ein:

»Er sagte, beim ersten Mal sei er nur ins Casino gegangen, um sich mit einigen Kunden zu amüsieren. An dem Abend habe er fünfhundert Dollar gewonnen, wahrscheinlich war es Anfängerglück. Von dem Geld habe er allen Drinks spendiert, und man habe ihn zu seinem Glück und seiner Großzügigkeit gratuliert.

Dieses Gefühl hat Leonard sehr gefallen. Zwar hatte man ihm im Lauf seines Lebens schon zu vielem gratuliert, aber nie zu seinem Glück, das ja nichts mit seinen Leistungen oder Fähigkeiten zu tun hatte. Deshalb wollte er ausprobieren, ob die Göttin Fortuna tatsächlich einen Narren an ihm gefressen hatte. Zusammen mit seiner Frau kehrte er ins Casino von Luckyfield zurück, das heute Gott sei Dank geschlossen ist. Sie spielten, und wieder gewann er, diesmal achthundert Dollar.

Dieser zweite Glückstreffer war sein Todesstoß. Leonard spielte weiter und immer häufiger. Mal verlor er, mal gewann er. Er begann, Wahrscheinlichkeitsrechnungen anzustellen, um zu verstehen, wie sich die Roulettezahlen verhielten. Schließlich glaubte er, entdeckt zu haben, welche Variable den Zufall lenkte, der ihn von Zeit zu Zeit am Honig des Gewinnens kosten ließ. In seinem Wahn wetteiferte er mit dem Glück und konnte nur verlieren.

Das mag sich anhören, als würde ich dir einen naiven Menschen beschreiben, Toni, aber ich versichere dir, niemand ist davor gefeit, Fehler zu begehen. Ich versuche mir immer zu sagen, dass ich nicht besser bin als die Menschen, die bereit sind, einen Tee mit mir zu trinken. Uns allen kann es passieren, dass wir irgendwann unvorsichtig werden, und dann ...«

Diese Suchtgeschichte erinnerte mich an jemanden, den ich sehr gut kannte: mich selbst. Auch ich hatte mich von der Aussicht auf Erfolg verführen lassen und mich zum Spiel hingezogen gefühlt, wenn auch nicht zu dem, das am Casinotisch stattfindet.

Die Einsamkeit, die mich seit Jonathans Tod umgab, bewies, dass ich dabei verloren hatte.

»Zuerst gab Leonard das Geld aus, das seine Frau und er für den Sommerurlaub zurückgelegt hatten. Dann das, was er seit Jahren für Renovierungen am Haus und für das Studium seiner Tochter gespart hatte. Er verkaufte sein neues Auto und kaufte sich stattdessen eine billige Karre, die ständig in die Werkstatt musste. Er begann, sich Geld von Freunden zu leihen, und bald konnte er seine Schulden nicht mehr bezahlen.«

»Gab es denn niemanden, der ihm die Augen für seine Probleme geöffnet hätte? Hat kein Freund ihm Hilfe angeboten?«

Kosei-San stieß einen Seufzer aus.

»Nachbarn und Kollegen begannen, ihm aus dem Weg zu gehen. Oder vielleicht war er es auch, der ihnen aus Scham aus dem Weg ging. Niemand wollte ihm mehr Geld leihen, auch die Bank nicht, bei der er eine Hypothek auf sein Haus aufgenommen hatte. Seine Frau, die verzweifelt war, überredete ihn zu einer gemeinsamen Therapie, aber Leonard war so spielsüchtig, dass er sich schon daran gewöhnt hatte, als Doppelwesen zu leben: Das eine ging zur Therapie, das andere ins Casino. Eine Zeit lang funktionierte das, bis er im Casino und in den Spielsalons von Luckyfield Hausverbot erhielt.«

»Und was hat er dann gemacht?«, fragte ich und stand auf, um erneut Wasser aufzusetzen.

»Er nahm an illegalen Spielen teil, die in irgendwelchen Bars in anrüchigen Vierteln stattfanden. Anfangs gelang es ihm, seine neuen Opfer mit seinen klugen Reden hereinzulegen, aber dann verkalkulierte er sich und legte den Falschen herein.

Eines Tages, als er im Morgengrauen nach Hause kam, fand er seine Frau und seine Tochter eng umschlungen und in Tränen aufgelöst vor. Ein paar Schlägertypen hatten sie wegen Leonards Schulden bedroht. Noch in derselben Nacht kam sein Schwager und nahm die beiden mit.

Leonard verlor sein Haus und fand Unterschlupf im Lagerraum eines früheren Geschäftspartners, der Mitleid mit ihm hatte. Dort lebte er im Verborgenen wie ein verängstigtes Tier, bis ein Jahr später etwas geschah, das zur endgültigen Wende in seinem Leben führte.«

»Was war passiert?«

»Als er eines Tages ohne einen Cent in der Tasche durch die Straßen lief, sah er seine Frau am Arm eines anderen Mannes. Der machte einen durchaus vertrauenswürdigen Eindruck. Auch seine Tochter war dabei, und sie und ihre Mutter lachten viel. Als er die beiden das letzte Mal gesehen hatte, waren sie völlig verstört gewesen und hatten geweint. Leonards Reaktion fiel ganz unerwartet aus.«

»Ich nehme an, er bekam einen Eifersuchtsanfall«, sagte ich mit der Teeschale in der Hand. »Hat er sich mit dem neuen Partner seiner Frau angelegt oder mit ihr und seiner Tochter, weil er sich betrogen fühlte?«

»Im Gegenteil!«, rief Kosei-San. »An diesem Morgen verspürte er endlich ein Gefühl der Erleichterung. Ihm wurde bewusst, dass er im Begriff gewesen war, das Leben seiner Familie zu zerstören, dass Frau und Tochter es aber geschafft hatten, sich zu erholen. Sie hatten Glück gehabt. Das Leben hatte ihnen eine zweite Chance gegeben. Leonard hat mir damals gesagt, er habe sich endlich frei gefühlt, beiseite zu treten.«

»Was meinte er damit?«

»Das wollte ich auch von ihm wissen. Er hat mir erklärt, er wolle nie mehr für irgendjemand eine Belastung sein. Auch nicht für seine Freunde oder für den einstigen Geschäftspartner, der ihm in seinem Lager Unterschlupf bot und zu essen gab. Deshalb sei er hier herauf gekommen … Die Ruhe, die er bei diesen Worte ausstrahlte, war die eines Menschen, der nichts mehr zu verlieren hat, weil er schon alles verloren hat.«

In Kosei-Sans Blick lag jetzt etwas wie ein Flehen. Meine Intuition sagte mir, dass ich versuchen musste, ihn zu ermuntern, auch die übrigen Teile dieser Geschichte, die in seinem Gedächtnis versunken waren wie die Überreste eines Schiffswracks, aus der Tiefe heraufzuholen.

»Wir haben geredet, bis es dunkel wurde. Toni, ich war mir bewusst, dass dieser Mann für immer verloren wäre, wenn ich ihn jetzt gehen ließ, deshalb bot ich ihm an, bei mir zu übernachten. Ich war mir sicher, dass mir am nächsten Morgen, wenn ich selbst wieder etwas klarer im Kopf wäre, eine Lösung für Leonard einfallen würde.«

Kosei-San stand auf und wanderte durch den kleinen Wohnraum, wie er es schon tags zuvor getan hatte, als ich mit ihm in seiner Hütte angekommen war. Seitdem schien eine Ewigkeit vergangen zu sein.

Er blieb einen Augenblick vor dem Kamin stehen und stocherte in der Glut, um das Feuer anzufachen. Er legte ein Holzscheit hinein, es knisterte eine Weile, dann kehrte im Raum wieder Stille ein.

Obwohl der Sommer vor der Tür stand, hatte sich im

Wohnzimmer eine Kälte breitgemacht, die mir bis in die Knochen drang.

An diesem Morgen entdeckte ich, dass auch die Stille voller Geräusche ist, denn jedes Mal, wenn der Alte schwieg, tauchten in meinen Gedanken wieder all die Unterhaltungen auf, die ich nie mehr mit Jonathan würde führen können. Vielleicht zögerte ich deshalb, die Hütte zu verlassen. Ein Teil von mir klammerte sich an den Tempel der Letzten Hand, in dem von Dramen die Rede war, die wenigstens nicht meine eigenen waren.

Unberührt von dem Sturm, der sich in meinem Innern erhoben hatte, wanderte Kosei-San weiter durch sein Wohnzimmer.

Bevor er sich wieder hinsetzte, zog er eine Schublade auf und nahm ein handbeschriebenes Blatt heraus. Als er es auf den Tisch legte, sah ich, dass seine Augen glänzten und ein bitterer Zug um seine Mundwinkel lag.

»Es war mein erstes großes Scheitern, und es vergeht nicht eine Nacht, in der ich nicht daran denken muss, wie dumm ich damals war, mich schlafen zu legen, während Leonard diese Zeilen schrieb und anschließend aus diesem Haus ... und aus seinem Leben verschwand.«

Ich nahm das Blatt zur Hand und las einen Text, verfasst in einer äußerst sorgfältigen Handschrift, wie der eines Kindes, das seinem Lehrer gefallen möchte.

Lieber Kosei-San,
die Stunde ist gekommen, um mich endlich zur Ruhe zu begeben. Meine Schritte auf dieser Erde sind an ihr Ziel gelangt. Es gab eine Zeit, in der ich anderen angenehm und nützlich war, und ich hoffe, man wird mich nicht nur wegen meiner Fehler in Erinnerung behalten.

Ich bin sicher, die Erde wird sich auch ohne mich weiterdrehen und jeder wird weiterhin seinen Weg gehen und sein Glück schmieden können.

Ich verlasse diese Welt mit einem kostbaren Geschenk, mit dem ich nicht gerechnet hatte. Die Stunden, die ich in Ihrer Gesellschaft verbracht habe, Meister, waren die schönsten, die ich erleben durfte, seitdem ich mein Leben und das meiner geliebten Familie beim Roulette verspielt habe.

Ich wünsche mir, dass die Erinnerung an unser langes Gespräch meine letzte Erinnerung an diese Welt sein möge.

Ich bitte alle um Verzeihung für das, was ich falsch gemacht habe, und für die Unannehmlichkeiten, die das, was ich nun tun werde, ihnen bereiten werden,

Leonard

Nach der Lektüre dieses Abschiedsbriefs blickte ich zu Kosei-San. Er schien erleichtert, dass er sein Geheimnis mit jemandem teilen konnte.

»Ich holte die Polizei«, erzählte er, »die den ganzen Tag brauchte, um Leonards Leichnam unten in der Schlucht zu finden. Als sie ihn mitnahmen, dämmerte es bereits. Und doch spürte ich, dass er irgendwie noch hier war.« Er holte tief Luft, bevor er weitersprach. »Ob du es glaubst oder nicht, aber an diesem frühen Abend spürte ich, dass Leonards Seele über uns schwebte, über mir und der Felsenklippe, bis sie sich irgendwann zwischen den Wolken verlor.«

13.

EIN ASTRONAUT AUF DER ERDE

Nach meinem Erlebnis am Nachmittag zuvor, als ich auf der Suche nach der Asche meines Bruders in ein Unwetter geraten war, übernahm der methodische Toni in mir das Steuer, der Toni, der es geschafft hatte, eine Firma aufzubauen.

Ich brauchte Kleidung, in der ich nicht wie ein Bettler aussah. Im Kofferraum meines Autos lag etwas Wäsche zum Wechseln, aber vor allem benötigte ich Stiefel und eine Machete, um mir den Weg zu der Stelle freizuschlagen, an der die Urne lag.

Vierundzwanzig Stunden nach meiner Ankunft im Tempel der Letzten Hand, wie ich Kosei-Sans Hütte getauft hatte, würde ich zur Aussichtsplattform zurückkehren, von der aus ich gestartet war. Mit dem Gefühl, mich für Jahrhunderte von der Welt entfernt zu haben.

Mein Plan hatte den Vorteil, dass ich den Weg schon kannte und ihn nur umgekehrt zurücklegen musste.

Als ich unten in der Schlucht ankam, wo jedes Blatt Feuchtigkeit und Leben verströmte, hielt ich Ausschau nach dem Hasen, dem ich auf meinem Hinweg begegnet war, konnte jedoch beim besten Willen nicht erkennen, wo ich beim letzten Mal entlanggelaufen war.

Schließlich aber half mir das Tageslicht, den Pfad wiederzufinden, der zum Aussichtspunkt hinaufführte. Dieser lag zum Glück wesentlich tiefer als Kosei-Sans Felsenklippe.

Die Plattform war zu dieser Morgenstunde ausgestorben. Mein alter Ford stand in der Sonne und erwartete mich wie ein treues, altersschwaches Haustier.

Als ich einen letzten Blick auf die Hütte am Abgrund warf, erfasste mich plötzlich eine unerklärliche Melancholie.

Ich fürchtete, die Zivilisation werde mich bei meiner Rückkehr sogleich vereinnahmen und von diesem Ort entfernen, an dem das Leben in einem anderen Rhythmus und mit einem anderen Sinn verlief.

Ich holte die Sporttasche, in die ich meine Wäsche gepackt hatte, aus dem Kofferraum und stellte sie auf den Beifahrersitz, um mich in der erstbesten Toilette, die auf dem Weg lag, umzuziehen.

Als ich am Steuer saß und mein Blick auf den leeren Rücksitz fiel, verfluchte ich mich dafür, dass ich so verrückt gewesen war, die Urne auf meinem Ausflug zur Felsenklippe mitzunehmen.

Ich drehte den Zündschlüssel, der Motor reagierte. Allerdings war ich mir sicher, dass der Tank innerhalb kürzester Zeit leer sein würde. Ich konnte von Glück sagen, dass die holprige Straße stetig bergab führte, weshalb ich wohl selbst mit einem einzigen Tropfen Benzin noch bis Luckyfield kommen würde.

Dort müsste ich sofort die nächste Tankstelle ausfindig machen.

Dafür brauchte ich mein Smartphone. Ich schloss das Kabel an den Zigarettenanzünder meines Wagens an, um den Akku aufzuladen. Dann trat ich behutsam aufs Gaspedal, wendete auf der Aussichtsplattform und nahm die Straße zurück in die Geisterstadt.

Als ich am Casino vorbeikam, in dem Leonard sein Leben verspielt hatte, erwachte das Handy mit einem Brummen, das mich von Kopf bis Fuß in Anspannung versetzte.

Wenn ich jetzt den Datenverkehr aktivierte, würde mich eine Nachrichtenflut überrollen und schlagartig in die Wirklichkeit zurückholen, aus der ich gerade floh.

Trotz des Risikos, unterwegs liegen zu bleiben, beschloss ich, bis zur Schnellstraße weiterzufahren, von der ich abgebogen war, um Kosei-San ausfindig zu machen.

Da ich im Schneckentempo fuhr, um jeden Tropfen Benzin zu sparen, wurde immer wieder hinter mir gehupt, und einige Fahrer überholten mich schimpfend.

Fünf Kilometer weiter tauchte wie eine rettende Oase eine Tankstelle neben einem kleinen Einkaufszentrum auf.

Als mein Tank wieder aufgefüllt war und ich mit der Sporttasche in der Hand aus dem Auto stieg, fühlte ich mich wie ein Astronaut, der in einer fremden, unwirtlichen Welt gelandet war.

14.
DIE BLINDE PASSAGIERIN

Anders als geplant verbrachte ich den Tag bis zum Abend damit, durch das Einkaufszentrum zu streifen. Kaum hatte ich es verlassen, bepackt mit vollen Tüten wie ein deprimierter Sonntagsausflügler, zogen am Himmel dichte Wolken auf, die den Sonnenuntergang verschleierten. Ein Gewitter nahte, und zwar ein ordentliches.

Als ich die Einkäufe auf den Rücksitz stellte, machte sich Jonathans doppelte Abwesenheit – nachdem er sein Leben verloren hatte, hatte ich seine Asche verloren – noch stärker bemerkbar. Übel gelaunt verließ ich den Parkplatz, und auf dem Weg zurück zur Landstraße sagte ich mir, dass ich nicht eher wieder nach Hause fahren würde, bis ich mein Missgeschick wiedergutgemacht hatte.

Zwei Donnerschläge krachten kurz hintereinander auf das Autodach wie die Paukenschläge einer Wagner-Oper.

Für einige Stunden war der geplante Artikel über Kosei-San von meinem geistigen Horizont verschwunden, der so finster aussah wie das nahende Unwetter.

Feiner Regen begann die Windschutzscheibe zu benetzen.

Plötzlich, kurz vor der Abzweigung nach Luckyfield und dem Aussichtspunkt, bremste vor mir ein Lieferwagen scharf und blieb mitten auf der Straße stehen.

Ich musste fast die Handbremse anziehen, um wenige Zentimeter vor der Schrottkarre, die offenbar einer Kooperative für biologische Landwirtschaft gehörte, noch zum Stehen zu kommen.

In mir erwachte der Wüterich aus meinen Zeiten als Firmenleiter, ich sprang aus dem Auto, knallte die Tür zu und marschierte im mittlerweile heftigen Regen zu dem Lieferwagen hinüber, um eine Erklärung zu verlangen.

Der Fahrer, ein Typ mit Rastalocken, John-Lennon-Brille und rundem Bauch, klopfte bedächtig auf das Armaturenbrett.

»Diese Karre ist tot«, sagte er. »Mausetot, Bruder.«

»Brauchst du mein Handy, um einen Abschleppdienst zu rufen?«, fragte ich ihn und bot ihm mein ausgeschaltetes Smartphone an.

»Danke, Bruder, aber es kommt schon jemand, um mir zu helfen. Ein Mechanikerkollege wird uns abschleppen, aber ich sag dir, diese Reliquie kann nicht mal der Barmherzige höchstpersönlich wieder zum Leben erwecken.«

Bevor ich ihm viel Glück wünschte, fragte ich mich kurz, worauf sich sein »wird uns abschleppen« bezogen hatte. Vielleicht war dieser alte Lieferwagen bereits zum Familienmitglied geworden, selbst wenn er bald auf dem Schrotthaufen landen würde.

Als ich zu meinem Wagen zurückkehrte, peitschte mir der Regen bereits heftig ins Gesicht. Als ich mich ans Steuer setzte, bemerkte ich, dass ich nicht allein war.

»Nimmst du mich mit?«

Die Frage kam von einer jungen Frau, die auf dem Beifahrersitz saß.

Sie war nicht nur in mein Auto gestiegen, ohne mich um

Erlaubnis zu bitten, sondern hatte einfach ihren Rucksack auf den Rücksitz gestellt, neben meine Einkäufe.

Unter normalen Umständen hätte ich sie in barschem Ton aus dem Auto geworfen, doch dafür war ich viel zu verwirrt.

»Aber ... Wo kommst du denn her?«

Statt zu antworten, legte sie die Stirn in Falten. Einen Moment lang sahen wir uns schweigend an. Unter ihren feuchten Haarsträhnen funkelte fröhlich ein schwarzes Augenpaar.

In diesem Augenblick geschah ein kleines Wunder: Mein Ärger löste sich vollständig in diesen Augen auf.

Die Frau schüttelte den Kopf, und feiner Nieselregen verteilte sich im Wagen.

»Was für ein Glück, dass du aufgetaucht bist! Ich hasse es, wenn man mich mitten in der Pampa stehen lässt.«

Mein Herzschlag hatte sich sonderbar beschleunigt, während ich der Stimme dieser ungebetenen Mitreisenden, einer Frau von schätzungsweise Mitte dreißig, lauschte, die wie aus einem fernen Land zu mir drang.

»Heute Morgen brannte die Sonne noch wie eine Fackel. Da hätte doch niemand geahnt, dass so ein Gewitter aufkommen würde, oder?«

Mir war klar, dass ich es mit einer Plaudertasche zu tun hatte. Plötzlich lachte sie ohne Grund.

Ich fragte mich allmählich, ob die blinde Passagierin nicht tatsächlich verrückt war. Zugleich hatte ich das Gefühl, dieses Lachen zu kennen, obwohl ich die Frau zum ersten Mal im Leben sah. Oder lag es vielleicht daran, dass ich mir wünschte, ich würde sie kennen?

»Fahren wir nicht los?«

Ich nickte, und wie aus einem Traum erwachend, machte ich einen Bogen um den im Unwetter liegen gebliebenen Lieferwagen und fuhr zurück auf meine Spur. Erst jetzt fragte ich sie, wohin sie denn wolle.

»Wohin du mich mitnimmst«, antwortete die Fremde, und als sie mein verblüfftes Gesicht sah, fügte sie hinzu: »Seit Tagen hüpfe ich von Wagen zu Wagen, wie Kerouac. Jetzt hatte ich das Pech, mit dieser Schrottkarre liegen zu bleiben.«

»Dann ist es dir also egal, wohin?«

Die Frau mit den nassen Haaren biss sich auf die Unterlippe und schaute zur Wagendecke.

»Kommt drauf an«, sagte sie. »Naja, doch, ich habe ein Ziel. Oder vielmehr ein Teilziel. Ich bin unterwegs zu einer Farm in der Nähe von Seattle, aber ich habe es nicht eilig, dort anzukommen.«

»Dann werde ich dir keine große Hilfe sein«, entgegnete ich, während ich nach links abbog und kurz darauf auf dem Seitenstreifen hielt. »Es wird bald dunkel, und ich fahre nicht weit … zu einem Ort mitten im Nirgendwo.«

»Auf dem Schild stand aber Luckyfield«, sagte sie trotzig. »Das ist doch irgendwo, oder?«

»Tja, das war es mal, inzwischen ist die Stadt völlig ausgestorben. Eigentlich fahre ich auch noch etwas weiter als Luckyfield, weiter als Nirgendwo. Und Seattle liegt circa tausend Meilen von hier. Am besten gehst du zurück zur Landstraße. Wie Kerouac«, sagte ich und meinte wie sie den Autor von *Unterwegs*.

»Auf keinen Fall! Jetzt hast du mich neugierig gemacht. Diesen Ort jenseits von Nirgendwo will ich kennenlernen.«

Kopfschüttelnd ließ ich den Motor wieder an, um meine Fahrt zur Geisterstadt fortzusetzen. Im selben Moment begann die Frau mit einer überraschend hellen, klaren Stimme zu singen:

Freight train, freight train, run so fast.
Please don't tell what train I'm on
They won't know what route I'm going ...

Während ich durch die düsteren Straßen des einstigen Freizeitparadieses fuhr, neben mir die fremde Sängerin; verspürte ich plötzlich etwas, das ich seit meiner Jugend nicht mehr erlebt hatte: die Gewissheit, im richtigen Moment am richtigen Ort zu sein.

Absurderweise passierte mir dies ausgerechnet hier im Nirgendwo und neben jemandem, den ich vor einer Stunde noch nicht gekannt hatte.

»Ich habe es nicht eilig«, sagte sie ganz unvermittelt, nachdem sie aufgehört hatte zu singen. »Ich bin eine Schnecke, die ihr Zuhause mit sich trägt.«

Automatisch schaute ich in den Rückspiegel zu ihrem Rucksack, auf den ein Bündel geschnallt war, das aussah wie ein kleines Zelt.

Dann warf ich einen Seitenblick auf die Frau und hatte den Eindruck, dass sie zitterte. Ich stellte die Heizung an, und sie bedankte sich mit einem sanften Lächeln. Um sie besser aus den Augenwinkeln erforschen zu können, verlangsamte ich meine Fahrt durch das Unwetter.

Aus ihren leicht geschlitzten Augen, ihrer kupferfarbenen Haut und dem glatten dunklen Haar schloss ich, dass sie womöglich indianisches Blut in den Adern hatte. Unter ihrem Kleid aus grober Baumwolle erahnte ich einen kleinen, schlanken Körper.

»Ich heiße übrigens Esmeralda«, sagte sie plötzlich, wie um meine neugierigen Blicke abzuschütteln. »Ich bin sechs Monate durch Mittelamerika gereist und jetzt auf dem Weg nach

Hause. Hinter der mexikanischen Grenze ist mir das Geld ausgegangen, deshalb bin ich von da an zu Fuß und trampend weitergereist. Aber ich habe es nicht eilig«, wiederholte sie. »Es gibt niemanden, der auf mich wartet.«

»Dann sind wir schon zwei ...«, sagte ich seufzend. »Was machst du denn so? Außer Reisen, meine ich.«

»Ich stelle Kunsthandwerk her.«

Während wir Luckyfield verließen, malte ich mir aus, wie sie bunte Perlenketten, geflochtene Armbänder und Muschelohrringe anfertigte. Die verkaufte sie dann vermutlich auf Kunsthandwerkermärkten. Oder vielleicht im Indianerreservat, in dem sie lebte. Ihre Gesichtszüge und ihre Tätigkeit ließen mich vermuten, dass sie eine *Native American* war. Vielleicht eine Sioux? Oder möglicherweise, wegen der Gegend, aus der sie kam, eine Pueblo-Indianerin?

Während ich mich meinen Spekulationen hingab, nahm der alte Ford die steile Bergstraße in Angriff, die zur Aussichtsplattform hinaufführte.

Ich fragte mich gerade, was wir in Gottes Namen machen würden, wenn wir oben waren, denn im stürmischen Regen könnten wir nicht zu Fuß weiterlaufen, da ergriff der Wagen selbst die Initiative und begann zu schlingern, sodass ich auf halbem Hang anhalten musste.

»Ich glaube, wir haben einen Platten«, verkündete ich und zog die Handbremse an. »Als Tramperin bist du wohl eine Art Unglücksbringer, oder? Ach, so ein Mist!«, rief ich. »Gerade fällt mir ein, dass ich keinen Ersatzreifen dabei habe. Kurz vor der Reise hatte ich schon mal einen Platten und habe vergessen, den Reifen in der Werkstatt abzuholen.«

Esmeralda musterte mich mit ihren tiefschwarzen Augen.

»Dann bist vielleicht du der Unglücksbringer«, sagte sie.

15.
JENSEITS VON NIRGENDWO

Unsere Panne auf dem Weg zum Aussichtspunkt bekam dadurch, dass neben mir die Fremde namens Esmeralda saß, etwas noch Ungewöhnlicheres.

Jetzt war der richtige Moment, dachte ich, um mein Smartphone einzuschalten und eine Werkstatt in der Nähe anzurufen, damit jemand uns abschleppte. Aber das Gerät schaltete sich von selbst wieder aus und wollte nicht mehr funktionieren.

»Kannst du mir dein Handy leihen?«, fragte ich stöhnend.

»Ich habe keins«, sagte Esmeralda. Und als sie mein erstauntes Gesicht sah, fügte sie hinzu: »Ich habe nie eins besessen. Wozu?«

»Zum Beispiel um einen Abschleppdienst anzurufen ...«

Ihre Antwort war ein ironisches Grinsen. Dann blickte sie zum rechten Wagenfenster, das wegen des Temperaturunterschieds zwischen drinnen und draußen vollkommen beschlagen war.

Ohne das mindeste Anzeichen von Ungeduld, obwohl sie schon zum zweiten Mal an diesem Tag liegen geblieben war, begann sie, mit dem Finger Sternchen auf die Scheibe zu malen. Dabei wirkte sie so konzentriert wie ein Kind, das nichts von den Schicksalsschlägen und Enttäuschungen des Lebens weiß.

»Was machst du da?«, fragte ich unwillkürlich.

»Ich lege mich gern unterm Sternenzelt schlafen«, antwortete sie, griff nach dem Hebel an ihrem Sitz und verstellte ihre Rückenlehne so weit, dass sie sich fast in waagerechter Position befand.

»Es ist noch nicht mal neun. Und du willst schon schlafen?«

»Du stellst ja komische Fragen. Was soll ich denn anderes tun, wenn es so vom Himmel schüttet?«

»Keine Ahnung. Du sitzt neben einem Fremden, der alles Mögliche mit dir machen könnte. Schlafen scheint mir da nicht gerade das Vernünftigste«, sagte ich provozierend.

»Das Risiko gehe ich ein«, erwiderte sie, ließ sich zurücksinken, deckte sich mit einer Jacke zu und legte ihre Füße auf das Armaturenbrett.

Eine Weile betrachtete ich abwechselnd ihre dicken Wollsocken und ihr friedliches Gesicht. Sie strahlte ein Vertrauen und eine Gelassenheit aus, wie ich sie selbst nie gehabt hatte.

Im Kontrast dazu prasselte der Regen so stürmisch auf das Autodach, als wollte er es durchlöchern.

Im Halbdunkel des Wagens schloss ich die Augen und lauschte eine Weile inmitten des wilden Getrommels auf Esmeraldas ruhigen, gleichmäßigen Atem.

Plötzlich überkam auch mich eine bleierne Müdigkeit, als wäre ich einem Zauber erlegen. Bevor ich wusste, wie mir geschah, sah ich mich mit Esmeralda durch die Ruinen von Antigua laufen, eine Stadt, die ich nur aus Dokumentarfilmen kannte.

Eine Stimme so sanft wie der Frühlingswind zerriss den feinen Schleier des Schlafs. Der heftige Sturm war einem unbeständigen Nieselregen gewichen.

»Ruhig, ... Dir passiert nichts. Ich bin hier ... bei dir.«

Ich zitterte von Kopf bis Fuß und vermochte nur mit übermenschlicher Anstrengung die Augen zu öffnen. Wo war ich? Warum war es so dunkel? Warum fror ich so und war gleichzeitig schweißgebadet? Ich verstand einfach nicht, was ich hier mitten in der Nacht im Auto machte. Wo war mein Bett?

Inmitten meiner Verwirrung spürte ich, wie jemand zart meine Wange berührte.

Ich hob den Kopf. Zwei große Augen schienen wie Scheinwerfer im Dunkeln zu leuchten.

»Du hattest einen Albtraum ... Aber jetzt ist es vorbei.« Die flüsternde Stimme versetzte mich zurück in frühere Gewitternächte, in eine Zeit, in der ein Menschenfresser unter meinem Bett hervorzukriechen drohte und ich zu Jonathan lief, um mich unter seiner Bettdecke an ihn zu klammern. »Seit Stunden murmelst du irgendwelches Zeug und wirfst dich hin und her. Aber ich wollte dich nicht wecken«, fuhr die sanfte Stimme fort.

Esmeralda. Diese Augen gehörten Esmeralda.

Plötzlich und ohne dass ich wusste warum, war mir nach Weinen zumute. Ich fühlte mich wieder wie der kleine Junge, der mit seinem Bruder in einem Zimmer schlief, einem Bruder, der viel mutiger war. Vielleicht war er deshalb gegangen und ich hier geblieben.

Trotz der Dunkelheit schien Esmeralda zu merken, was mit mir los war. Sie umarmte mich, sodass ich ihren kleinen, schlanken Körper an meinem spürte, und streichelte mir Wangen und Haar schweigend, doch dieses Schweigen machte jedes Wort überflüssig.

»Es ist zwei Uhr morgens«, murmelte sie schließlich. »Offenbar haben wir beide viel Schlaf nachzuholen. Kannst du nicht deine Rückenlehne nach hinten klappen? Bis es Tag wird, sollten wir schlafen.«

Plötzlich fühlte ich mich ruhig. Ich befolgte ihren Rat und lag nun beinahe flach, die Rückenlehne auf der hinteren Bank abgestützt, wie Esmeraldas. Das war die bettähnlichste Position, die der alte Ford ermöglichte.

Als sie noch meine Jacke über mich breitete, spürte ich, wie mich die Erschöpfung überwältigte.

Esmeralda hatte sich aufgesetzt, um irgendetwas in ihrem Rucksack zu suchen. Als sie es gefunden hatte, hielt sie mir ihre geschlossene Faust hin.

»Hier habe ich etwas für dich … Steck es in deine Hemdtasche, nah an dein Herz. Es wird dich durch die Welten begleiten, die hinter deinen Augenlidern auftauchen.«

Sie schaltete die kleine Deckenbeleuchtung ein, öffnete vor meinen Augen ihre Hand und zeigte mir eine winzige, aus bunten Fäden geflochtene Puppe.

Vorsichtig nahm ich das Püppchen an mich und steckte es, ohne Fragen zu stellen, dorthin, wo sie gesagt hatte.

Esmeralda legte sich wieder hin und schloss die Augen.

Erst jetzt konnte auch ich meine wieder schließen.

Zum ersten Mal seit Monaten, vielleicht sogar seit Jahren, gelang es mir, mich vertrauensvoll dem Schlaf zu überlassen. Begleitet von einer völlig Fremden und einem Wollfigürchen auf jener Reise, die mich Nacht für Nacht in unbekannte Gegenden führte.

Jetzt brauchte ich keine Angst mehr vor dem Menschenfresser zu haben. Gestrandet an einem absurden Ort jenseits von Nirgendwo, war ich nicht länger allein.

16.

DIE SORGENPÜPPCHEN

Das goldene Licht des Sonnenaufgangs verriet, dass der Wind die Wolken verscheucht hatte. Und wie ich überrascht feststellte, hatten Esmeralda und die kleine Wollpuppe auch meine Albträume verscheucht.

»Du kannst sie behalten, sie gehört jetzt dir«, sagte Esmeralda, während sie die Rückenlehne des Beifahrersitzes wieder hochstellte. »Sie kennt jetzt deine Probleme.«

Nachdem auch ich mich aufgerichtet hatte, reichte sie mir eine gelb angemalte Holzschachtel.

»Allerdings musst du auch all ihre Geschwister behalten«, erklärte sie.

Als ich die Schachtel öffnete, entdeckte ich fünf weitere Püppchen.

Fragend schaute ich meine neue Freundin an, die gemeinsam mit mir die Nacht verbracht hatte.

»Die Sorgenpüppchen reisen immer zu sechst.«

»Sorgenpüppchen?«

»Ja, ich habe sie aus Antigua in Guatemala mitgebracht.«

Mir lief ein Schauer über den Rücken. Im Halbschlaf hatte ich mich mit Esmeralda in den Ruinen genau dieser alten Mayastadt umherlaufen sehen.

Jetzt, bei Tageslicht, konnte ich die natürliche, unaufdringliche Schönheit ihres Gesichts bewundern, die einen fremden Zauber und heitere Gelassenheit ausstrahlte.

»Es heißt in den alten Überlieferungen, dass diese Puppen die Sorgen mit sich nehmen, wenn du sie unter dein Kopfkissen legst. Ein Püppchen für jeden Tag der Woche. Außer sonntags, da dürfen auch sie sich ausruhen!«

Ich wollte ihr etwas entgegnen, aber sie kam mir zuvor.

»Deshalb werden sie *quitapenas* genannt, Sorgenvertreiber oder Sorgenpüppchen. Heute Nacht hast du wahrscheinlich ihre Macht zu spüren bekommen ...« Plötzlich war mir, als lägen Spuren von Traurigkeit in ihren Worten. »Ich selbst konnte einmal wochenlang nicht schlafen. Ich fühlte mich einsam und leer, weil man mir das Herz gebrochen hatte. Bis ich eines Tages über einen Markt lief, wo mir eine alte, blinde Indiofrau übers Gesicht strich und darin meinen Schmerz und meine Müdigkeit las. Daraufhin hat sie mir diese Schachtel geschenkt.«

Als ich erfuhr, welche Bedeutung die Schachtel für Esmeralda besaß, wollte ich sie ihr sofort zurückgeben, aber sie schüttelte den Kopf.

»Ich brauche sie nicht mehr ... Außerdem kenne ich inzwischen die Legende, die sie umgibt, und habe gelernt, selbst Püppchen zu basteln. Wenn ich nach Seattle zurückkomme, will ich viele Schachteln mit Sorgenpüppchen machen. Ich kenne so viele Leute, die welche gebrauchen könnten!«

»Was für eine Legende meinst du?«, fragte ich, immer noch verblüfft.

Strahlend wie ein Kind begann Esmeralda mir die geheimnisvolle Geschichte meiner neuen Freunde zu erzählen.

»Im heiligen Buch der Maya, dem *Popol Vuh*, steht, dass ihre Götter zwei Mal versagten, als sie die Menschen erschaffen wollten. Beim ersten Mal haben sie Figuren aus Stein geformt, die so hart waren, dass sie sich nicht bewegen konnten und irgendwann zerbrachen. Danach schufen die Götter Menschen aus Ton, die sich aber beim ersten Regen auflösten. Also überlegten sie, sie aus Mais zu machen. Sie riefen die Maisgöttin Ixmucané an und baten sie darum, die Menschen zu erschaffen.«

Etwas im sanften Klang von Esmeraldas Stimme und in ihrer Begeisterung erwärmte meine geschundene Seele. Eine Sekunde lang hatte ich, obwohl wir an diesem schlammigen Berghang festsaßen, das Gefühl, die Göttin höchstpersönlich wäre mit mir unterwegs.

»Und gleichzeitig mit den Menschen schuf die Maisgöttin die Sorgenpüppchen.« Esmeralda legte ihre zarte kleine Hand auf meine Schulter. »Jedes Mal, wenn dir etwas den Schlaf raubt«, sagte sie, »kannst du es der Familie in dieser Schachtel erzählen. Dank der Macht, die Ixmucané ihnen verleiht, nehmen sie deinen Kummer auf.«

Seufzend blickte ich vor mich auf die Straße. Wir mussten hier fort, aber ich hatte es auf einmal gar nicht mehr eilig. Ich fühlte mich erstaunlich leicht.

»Beim Anfertigen eines Sorgenpüppchens formt man erst eine Art Grundgerüst aus Holz, Draht oder Pappe«, erklärte sie. »Das umwickelt man mit Woll- oder Stoffresten im Kleidungsstil der Indiofrauen. Aber Püppchen entfalten ihre Zauberkraft nur, wenn man sie geschenkt bekommt.«

Von einem ungewohnten Glücksgefühl erfüllt, nahm ich mir vor, eines Tages nicht nur im Traum, sondern bei klarem Bewusstsein nach Antigua zu reisen. Dort würde ich zum Markt gehen und nach einer blinden Indiofrau suchen, um ihr ihre Püppchen abzukaufen. Würde sie mich fragen, für wen sie bestimmt sind, würde ich ihr antworten, sie seien für eine fröhliche junge Frau mit dunklen Haaren aus Seattle, der nie wieder irgendein Kummer ihr Lächeln rauben sollte.

17.
GETRENNTE WEGE

Es hatte aufgehört zu regnen, und wir stiegen aus dem Auto. Nachdem wir den alten Ford ein Stück bergab und am Straßenrand auf eine kleine Freifläche geschoben hatten, schlug ich Esmeralda vor, statt auf Pannenhilfe zu warten, unsere Beine zu benutzen und bis zum Aussichtspunkt hoch zu laufen.

»Das ist eine wunderbare Idee«, sagte sie strahlend und dehnte sich wie eine Katze.

Das zerzauste Haar fiel ihr auf die Schultern, und sie streckte ihre Arme in die Luft, als wollte sie die Sonne streicheln, die erste zaghafte Blicke auf uns warf.

Ich packte die Sachen, die ich für die Bergung der Urne meines Bruders gekauft hatte, sowie die Lebensmittel für den Alten in Esmeraldas Rucksack, und wir einigten uns darauf, ihn abwechselnd zu tragen.

»Deinen Schlafsack und deine schwereren Sachen kannst du ruhig bei mir im Auto lassen«, schlug ich ihr vor.

»Kommt nicht infrage!«, entgegnete sie. »Ich habe dir ja gesagt, ich bin wie eine Schnecke, die immer ihr Haus bei sich hat. Das bisschen, was ich brauche, will ich nicht in einem Wrack zurücklassen.«

»Also, ich darf doch sehr bitten …«

Dann machten wir uns auf den Weg und liefen gemächlich

bergauf, während auch die Sonne, ebenfalls ohne große Eile, ihren Aufstieg begann.

Obwohl ich es schön fand, so schweigend neben Esmeralda herzulaufen, drängte es mich irgendwann, ihr von meiner Begegnung mit Kosei-San zu erzählen. Ich sprach über seine Mission an der Felsenklippe und über mein – fast schon vergessenes – Projekt, eine Reportage darüber zu schreiben.

»Kaum zu glauben, dass es so jemanden gibt«, bemerkte sie erstaunt.

»Bis vor wenigen Tagen hätte ich es selbst nicht geglaubt. Möchtest du ihn mal kennenlernen?«

»Ich weiß nicht …«, entgegnete sie zu meiner Verwunderung. »Ich sage dir Bescheid, wenn sich die Gelegenheit ergibt.«

Diese Gelegenheit könnte heute sein, dachte ich, aber mir war nicht nach Diskutieren, ich wollte meine Kräfte lieber für den steilsten Abschnitt des Weges aufsparen.

Eine Stunde später erreichten wir den Aussichtspunkt mit seinem immer noch ausgestorbenen Parkplatz. Vermutlich hatte das Unwetter die wenigen Ausflügler abgeschreckt, die es in diese Gegend verschlug.

»Wie schön, wie wunderschön«, flüsterte Esmeralda, die den Blick nicht von dem Steilhang zu unseren Füßen wenden konnte.

Auch sie war überwältigt von dem Echo der Jahrtausende, das dieses enge, bewaldete Tal erfüllte.

Während wir nebeneinander am Abgrund standen, kam es mit vor, als gehörten diese Wälder nur uns allein und den Vögeln, die am Morgenhimmel vorbeiflogen und auf uns herabspähten.

»Warum gehen wir nicht dort hinunter?«, fragte sie.

»Komm, ich begleite dich noch ein Stück auf dem Weg zu deinem Meister.«

Sie packte sich den vollen Rucksack auf die Schultern und begann mit dem Abstieg ins Schluchtbett. Ich folgte ihr – den Weg schien sie besser zu kennen als ich –, und schaute ihr fasziniert dabei zu, wie sie mit kleinen Sprüngen den verschiedenen Hindernissen auswich. Dass ihr das Spaß machte, ließ erahnen, wie gern sie sprang, lief, spielte ... Sie war zwar eine erwachsene Frau, schien sich ihre kindliche Seele aber bewahrt zu haben.

Als ich mit Tragen an der Reihe war, kam mir das Gewicht auf meinen Schultern wie eine grausame Metapher meines eigenen Lebens vor. Ich war ein mit Sorgen beladener Erwachsener, der vor lauter Skepsis an nichts glauben konnte. Ein armer Gewinner, der es nicht verstand, das Leben zu genießen.

Als wir auf dem Grund des Tals angekommen waren und den schmalen Pfad erreichten, der zu den Felsenklippen hinaufführte, setzten wir uns auf einen flachen Stein, um uns auszuruhen. Obwohl ich Esmeralda kaum etwas von mir erzählt hatte, nutzte ich die Gelegenheit, um mich nach ihrem Leben zu erkundigen.

»Bevor ich zu dieser Reise aufgebrochen bin, habe ich mir am Stadtrand von Seattle mit drei Künstlern einen Lagerraum geteilt«, erzählte sie. »Dort befand sich auch das Atelier, in dem meine Mutter Kunstunterricht gegeben hat. Sie ist vor einem Jahr gestorben, und ich vermisse sie wahnsinnig. Vielleicht reise ich deshalb durch die Gegend und habe es nicht eilig, wieder nach Hause zu kommen.«

»Ich verstehe ...«, erwiderte ich, wagte aber nicht, ihr zu gestehen, dass ich ein ähnliches Schicksal mit mir herumschleppte. »Und dein Vater?«

»Den habe ich nie kennengelernt. Eigentlich hat Mama fast nie von ihm gesprochen«, sagte sie seufzend. »Sie ist nach langer Krankheit gestorben, ihre Hand in meiner. Danach wollte ich einfach nur weg, damit all die Traurigkeit und Leere sich nicht in meiner Seele festsetzen konnten. Und gleichzeitig wollte ich eines der Versprechen einlösen, die ich meiner Mutter gegeben hatte. Sie wünschte sich immer, dass ich reise und andere Menschen und deren Denkweise kennenlerne … Man glaubt es kaum, aber bis zu diesem Abenteuer war ich fast nie aus meiner Gegend herausgekommen. Das lag allerdings vor allem daran, dass meine Mutter in den letzten Jahren im Rollstuhl saß.«

Während ich Esmeraldas Stimme lauschte wie einem warmen, sanften Rauschen, das irgendwie zu diesem in einer Erdfalte vergessenen Wald passte, drängte es mich immer mehr, ihr von Jonathan zu erzählen. Als sie verstummte, fühlte ich mich jedoch nicht mehr dazu imstande. Ich hatte einfach nicht die Kraft, ihr von seinem Tod zu erzählen, von meinem Lebensüberdruss, von meiner Arbeit, die mich nicht erfüllte, von meiner mexikanischen Familie …

Du hast recht, Jonathan, gestand ich meinem abwesenden Bruder, ich habe so große Angst davor, verletzt zu werden, dass ich andere Menschen auf Abstand halte und ihnen nicht erlaube, mich kennenzulernen. Und wenn es doch passiert, gestatte ich ihnen nicht zu bleiben.

Aus lauter Feigheit sagte ich mir, dass es wohl das Beste war, sich hier und jetzt zu trennen, damit jeder weiter seinen eigenen Weg verfolgen konnte. Deshalb war ich erleichtert, als sie auf meine Frage, ob sie mit mir den Berg erklimmen und den Einsiedler kennenlernen wollte, erneut den Kopf schüttelte.

Wir waren zwei verlorene Seelen, die das Glück gehabt hatten, eine gemeinsame Regennacht und das Erwachen eines neuen Tages zu erleben. Diese Zufallsbegegnung jetzt in die Länge zu ziehen, ergab keinen Sinn.

Ich nahm meine Einkäufe aus ihrem Rucksack und packte sie in eine große Stofftasche, die sie mir gegeben hatte, dann lud sie sich wieder ihr Gepäck samt Zelt auf den Rücken.

»Das Wetter ist schön«, sagte sie, »und hier unten ist es herrlich. Ich werde weiter das Tal entlanglaufen, und vielleicht zelte ich noch ein paar Tage, bevor ich Richtung Seattle weiterreise.«

Zum Abschied drückte sie einen Kuss auf ihre Fingerspitzen und strich mir damit über die Wange.

»Pass auf dich auf, Toni«, sagte sie. »Es war sehr schön, dich kennenzulernen. Du hast ja jetzt die Püppchen, die meine Schmerzen aufgenommen haben. Sie werden sich nun um deine kümmern.«

Dann marschierte sie los. Doch bevor sie zwischen den Bäumen verschwand, rief sie mir noch zu:

»Vergiss nicht, sie weiter zu verschenken, wenn du sie nicht mehr brauchst. An jemanden, der ihrer würdig ist …«

»Und woher weiß ich, wer das ist?«, fragte ich, eher um sie aufzuhalten als um eine Antwort zu bekommen.

Sie schenkte mir ein letztes Lächeln, das ich sehnsüchtig aufnahm, und erwiderte:

»Dein Herz wird es dir sagen.«

Ich blieb noch eine Weile, wo ich war, und horchte auf das Rascheln von Esmeraldas Schritten im dichten Gestrüpp. Von Mal zu Mal wurde es schwächer, bis es nicht mehr zu hören war.

Und seltsamerweise hatte ich jetzt nicht das Gefühl, allein zurückzubleiben.

18.
DAS LIED DES ABGRUNDS

Kosei-San wirkte nicht überrascht, mich wiederzusehen. Und es schien ihn auch nicht zu stören, dass ich mich einfach verkrümelt hatte. Allerdings war mir nicht klar, ob er sich freute, mich erneut bei sich zu haben.

Er fragte nicht einmal, wo ich die letzten vierundzwanzig Stunden verbracht hatte, die mir inzwischen vorkamen wie eine Ewigkeit. Eine angenehme Ewigkeit.

Ich hingegen hatte ihn sehr wohl vermisst. Das war mir bewusst geworden, als ich ihn von Ferne wie eine Statue vor seiner Hütte hatte stehen sehen, wo er mit dem Fernglas den Horizont betrachtete.

Mittlerweile kannte ich seinen Tagesablauf. Es war jetzt kurz vor ein Uhr mittags. Zur vollen Stunde würde Kosei-San sein Fernglas in dem braunen Beutel verstauen, der bei Spaziergängen stets um seine Schulter hing, und würde zur Hütte zurückkehren, um sich eine Misosuppe und eine Schale Reis zuzubereiten. Während er aß, würde im Hintergrund klassische Musik laufen, die er mit einem alten MP3-Player abspielte.

Sie entspannte ihn, wie er mir sagte. Wenn ich ihn dabei beobachtete, wie er mit geschlossenen Augen der Musik lauschte, stellte ich mir vor, wie er im Geiste in weite Ferne reiste.

Das Pfeifen des Wasserkessels würde ihn zurückholen. Er würde sich seinen Tee aufbrühen, ihn trinken und in seinem Sessel ein Nickerchen machen. Nur zwanzig Minuten Ruhe würde er sich gönnen. Danach würde er wieder zu einem Spaziergang entlang der Felsenklippe aufbrechen.

Wenn es kalt war oder regnete, blieb er am Fenster sitzen und überwachte von dort aus still und aufmerksam den Rand des Abgrunds.

So verlief sein Tag, wenn es zu keiner Begegnung mit Fremden kam. Entdeckte er aber in der Nähe der Klippe eine Gestalt, spielten Uhrzeit, Regeln oder Gewohnheiten keine Rolle mehr. Dann drehten sich sein Tag und seine Nacht einzig um den traurigen Menschen, der womöglich seine Hand brauchte.

Obwohl wir nicht einmal eine halbe Woche miteinander verbracht hatten, kannte ich die Gewohnheiten des alten Mannes schon genau. Ich hatte begonnen, ihn lieb zu gewinnen.

Während ich zur Hütte ging, nahm ich mir vor, ihn bei seiner Rückkehr von seinem Rundgang in den Felsen zu überraschen. Nicht nur indem ich seinen Vorratsschrank mit Tütensuppen, frischem Gemüse und zwei Flaschen Wein auffüllte. Um mein Verschwinden wiedergutzumachen, wollte ich diesmal selbst die Misosuppe kochen und den alten Mann an einem gedeckten Tisch erwarten.

Als er in sein Häuschen zurückkehrte, stand die dampfende Suppenschüssel schon auf dem Tisch. Er nickte mir kaum merklich zu und setzte sich. Ich tat dasselbe.

Wir nahmen unser Gespräch wieder auf, als wäre nichts gewesen.

»Heute Morgen war alles ruhig«, bemerkte der Meister.
»Das freut mich.«

»Gestern allerdings nicht …«

Ich wollte gerade den Löffel zum Mund führen und hielt in der Bewegung inne. Was meinte er damit? Ich wusste, dass es besser war, ihm keine Fragen zu stellen. Er würde mir so viel erzählen, wie er für nötig hielt.

»Ich habe wirklich einen Schreck bekommen.«

»Ist dir an der Klippe ein Verrückter begegnet?«

»Ich verstehe deine Frage nicht … Moses ist ein guter Mensch. Verrückt? Sind wir das nicht alle irgendwie?«

Touché.

Ich selbst habe oft beobachtet, dass Menschen an anderen das kritisieren, was sie an sich selbst nicht mögen. Und ich hatte ja wirklich gut reden, ich, ein Typ, der mit einer Urne, in der die Asche seines eigenen Bruders steckte, durch die Gegend fuhr, ein Unternehmer, der von heute auf morgen sein Schiff, das ihm Geld und Ruhm bescherte, verlassen hatte.

Und möglicherweise waren diese beiden Dinge nicht einmal meine größten Verrücktheiten. Vielleicht war meine Unfähigkeit zu lieben eine noch schlimmere, meine panische Angst davor, ein anderer Mensch könnte mein angeknackstes Herz berühren.

Wir schwiegen beide und löffelten unsere Suppe, bis Kosei-San den Faden seiner Erzählung wieder aufgriff:

»Er sagte, er sei der erste von vielen. Das war es, was mich so erschreckt hat. Wie sollte ich denn allen helfen?«

»Der erste von vielen?«, wiederholte ich verständnislos.

»Ja, er war der Späher.«

»Späher?«

Darauf erzählte mir Kosei-San die sonderbarste Geschichte von allen, die ich bis jetzt aus seinem Mund gehört hatte.

»Kaum war die Sonne untergegangen, drang ein tiefes, lang

gezogenes Heulen bis zu meiner Hütte. Es war kein Wolf. In manchen Winternächten kommen Wölfe auf der Suche nach Essensresten bis hier herauf. Aber es war kein Wolf. Als das Heulen ein zweites Mal ertönte, sprang ich aus dem Bett, zog mich so schnell wie möglich an und lief nach draußen.

Auf dem roten Felsen, dem, der am nächsten bei meiner Hütte liegt, sah ich etwas, das fast wie eine Erscheinung wirkte. Ein Mann in einer weiß-goldenen Tunika stand mit geschlossenen Augen am Felsenrand, in der Hand ein riesiges Horn.

Ich ging zu ihm hin und sprach ihn vorsichtig an, um ihn nicht zu erschrecken. ›Hier oben ist der Sonnenaufgang wunderschön‹, sagte ich. Etwas Besseres fiel mir nicht ein.

›Gewiss, alter Mann. Davon hat man uns erzählt. Vom Sonnenaufgang und von diesem Tor‹, antwortete er, ohne die Augen zu öffnen. ›Tor?‹, fragte ich ihn. ›Welches Tor?‹

Ohne auf meine verblüffte Frage einzugehen, stieg der Mann ganz ruhig von dem Felsen herunter, legte mir eine Hand auf die Schulter und sagte: ›Ich heiße Moses.‹

Er war jung, groß und schlank und trug einen langen Bart. Er erinnerte mich an einen hinduistischen Gott. Als ich mich mit den Worten ›Ich heiße Kosei-San und wache über diese Klippen‹ vorstellte, verbeugte er sich vor mir und sagte: ›Dann bist du ein Meister. Meine Hochachtung, Wächter des Tores.‹

Das mit dem Tor begann mich nervös zu machen. Ich muss zugeben, Toni, dass ich bei diesem redegewandten Moses nicht wusste, wie ich mich verhalten sollte.«

Während ich Kosei-San aufmerksam zuhörte, stellte ich zum zweiten Mal beeindruckt fest, dass der Meister mich auch an seinen Schwächen teilhaben ließ. Betrachtete er mich schon nicht mehr nur als einen Vorbeiziehenden? Sah er in mir vielleicht einen Schüler?

»Ich versuchte zu verstehen, was es mit diesem schrägen Vogel auf sich hatte«, fuhr Kosei-San fort. »Da fragte er mich plötzlich von sich aus: ›Kennst du diese Felsenklippe gut?‹

›Natürlich, ich lebe seit vielen Jahren hier‹, antwortete ich und war dabei auf der Hut.

Moses fixierte mich aus Augen, die so klar waren wie ein wolkenloser Himmel. ›Welches ist der höchste Punkt?‹, fragte er mich. ›Von wo aus hat man den besten Blick in den Abgrund?‹

Das machte mich noch argwöhnischer, deshalb wollte ich die Antwort möglichst hinauszögern und fragte ihn: ›Warum willst du das wissen?‹

Moses lachte herzlich, als hätte ich soeben die dümmste Frage der Welt gestellt. Dann legt er mir beide Hände auf die Schultern wie einem Kind, dem man etwas Offensichtliches erklären will, und sagte: ›Weil dort das Tor ist.‹

Ich war ernsthaft in Bedrängnis, wusste aber, dass ich ihm nach dem Mund reden musste, wenn ich versuchen wollte, meine Mission zu erfüllen. Ich brauchte ein wenig Zeit und musste verstehen, wer dieser Moses war. Deshalb sagte ich ganz ruhig: ›Folge mir. Die Stelle, nach der du mich fragst, liegt circa zwanzig Minuten von hier entfernt, hinter den spitzen Felsen, die du dort drüben siehst. Wenn du willst, begleite ich dich.‹

›Das wird mir eine Ehre sein, Wächter des Tores‹, antwortete er freudig. Wir zogen also los. Ich beschloss, einen Umweg zu machen, um mehr aus ihm herauszubekommen. Und das war leichter, als ich erwartet hatte. Während ich ihn zu der erwähnten Stelle führte, war dieser Moses ein offenes Buch für mich.«

»Was hat er dir denn alles erzählt?«, fragte ich beeindruckt.

»Er sagte, er sei vor einem Jahr zu einer Gruppe gestoßen, die glaube, dass der Mensch acht Wirklichkeiten durchleben muss, bevor er mit der Sonne verschmilzt und die Vollkommenheit erreicht. Die Mitglieder dieser Sekte befänden sich in ihrer letzten Wirklichkeit, denn sonst wären sie nicht auserwählt worden. Ihr Meister habe beschlossen, dass in diesem Sommer zur Sonnenwende der richtige Augenblick sei, sich dieser Verschmelzung hinzugeben.«

»Ich kann mir vorstellen, wie ...«

»Das fürchte ich auch«, sagte Kosei-San besorgt. »Die Erwählten, so hat er mir erklärt, werden den letzten Schritt in ihrer spirituellen Evolution machen, und zwar an einem außergewöhnlich schönen Ort und im Angesicht der Sonne. Jemand hatte Moses, dem Späher der Sekte, von dieser Felsenklippe erzählt. Er reist wohl schon seit einer ganzen Weile durchs Land auf der Suche nach dem Tor, das sich für diesen letzten Schritt eignet, und als ich ihm schließlich den höchsten Felsen zeigte, war er sich sicher, dass er die richtige Stelle gefunden hatte. ›Ich bin der erste von vielen‹, hat er noch einmal gesagt.«

»Und was haben Sie da gemacht?«, fragte ich beunruhigt, während ich Wasser aufsetzte.

»Zum Glück war gestern noch nicht der richtige Tag für den Sprung. Bis zur Sommersonnenwende fehlen ja noch ein paar Wochen. Moses war begeistert von der Aussicht, die man hier oben genießt, und hat noch einmal in sein Horn gestoßen, aus dem dieses Heulen kam, das mich geweckt hatte. Danach tanzte er umher, wiederholte immer wieder Mantras in einer fremden Sprache und setzte sich dann auf den Boden, um über eine Stunde zu meditieren. Ich setzte mich neben ihn, um ihn schweigend zu begleiten. Seine Augen waren geschlossen, aber meine hielt ich weit offen.

Er meditierte so lange, dass ich genug Zeit hatte, mir zu überlegen, was ich ihm sagen würde.«

»Und was war das?«

»Ich habe gesagt: ›Du bist vielleicht ein guter Späher und kannst dieses Horn spielen, Moses, aber du hörst den Gesang des Abgrunds nicht.‹ Er hat mich verblüfft angeschaut wie jemand, der aus einem langen Schlaf erwacht, und sich gereckt. ›Was ist das für ein Lied?‹, hat er gefragt. ›Wie kann ich es hören?‹

Ich wusste, dass ich die erste Runde des Spiels, das noch eine Weile dauern sollte, gewonnen hatte: ›Das Lied des Abgrunds zeigt uns genau den Weg, den wir verfolgen müssen, um mit der Sonne zu verschmelzen‹, sagte ich zu ihm. ›Ohne diese Führung ist es sinnlos, durch das Tor zu treten. Denn man verirrt sich nur und gelangt nirgends hin.‹

Eher schockiert als verärgert strich er sich über seinen Bart und sagte: ›Das erinnert mich an das Tibetische Totenbuch. Es enthält Anweisungen, wie die Seelen der Toten ins Paradies zu führen sind. Aber der Meister hat uns nichts darüber gesagt, dass wir für die Verschmelzung Anweisungen brauchen.‹

Da habe ich mich einen Schritt weiter gewagt: ›Weil dein Meister so taub ist wie du. Und da er noch nie gestorben ist, weiß er nicht, welchen Weg die Selbstmörder erwartet, die das Lied des Abgrunds nicht kennen.‹

Jetzt wirkte Moses verstört: ›Gestorben?‹, fragte er. ›Selbstmörder? Ich weiß nicht, wovon du sprichst, Wächter.‹

Als ich merkte, dass er ins Zweifeln geriet, machte ich in diese Richtung weiter: ›Wer in den Abgrund springt, ohne das Lied zu kennen, dem wird es niemals gelingen, mit der Sonne zu verschmelzen. Es ist ein Privileg derer, die wirklich eingeweiht sind. Womöglich weiß dein Meister das nicht, aber du stehst eine Stufe über ihm, du kannst weiter blicken als er. Deshalb bist du der Späher, weil du siehst, was er nicht sehen kann.‹ Bei diesen Worten wuchs Moses sichtlich.«

»Sehr klug«, sagte ich bewundernd und unterbrach Kosei-San in seinem Bericht. »Indem du ihn eine Stufe über seinen Guru gestellt hast, hast du ihn von diesem befreit.«

»Oder zumindest habe ich Zweifel in ihm gesät. Viele Leute schließen sich Sekten an, weil sie Zuwendung und Anerkennung brauchen, und die bekommt man ja auch oft in solchen Gruppen, aber sollte man diese Menschen nicht lieber davon überzeugen, dass sie selbst einzigartig sind, dass niemand über ihnen steht, weil jeder Mensch die Krone der Schöpfung ist? Ich bin fest überzeugt von dem, was ich sage, Toni.«

Er machte eine Pause, um den Tee mit den darin aufgeweichten *Gunpowder*-Blättern durchs Sieb zu gießen. Während er damit beschäftigt war, fiel mir die Seite eines Buchs ein, das bei meiner Ex-Frau auf dem Nachttisch gelegen hatte. Es war eine Geschichtensammlung mit dem Titel *Hühnersuppe für die Seele* von Jack Canfield, und die Seite, die ich auf gut Glück aufgeschlagen und gelesen habe, sprühte nur so vor Klarheit. Aber leider habe ich später den Dingen, die dort standen, kaum noch Beachtung geschenkt, wie allen wichtigen Dingen in meinem Leben. Es handelte sich um einen Text des Cellisten Pablo Casals, den ich damals mehrere Male gelesen habe. Ich träumte sogar davon, eines Tages meinem Kind davon zu erzählen, einem Kind, das ich noch nicht einmal habe.

Jede Sekunde, die wir erleben, ist ein neuer und einziger Moment des Universums, ein Moment, der nie wiederkehren wird ... Und was bringen wir unseren Kindern bei? Wir bringen ihnen bei, dass zwei plus zwei vier macht, dass Paris die Hauptstadt von Frankreich ist.

Wann werden wir ihnen außerdem noch beibringen, was sie sind? Jedem von ihnen müssten wir sagen: Weißt du, was du bist? Du bist ein Wunder. Du bist einzigartig. Noch nie zuvor hat es ein Kind wie dich gegeben. Mit deinen Beinen, deinen Armen, der Geschicklichkeit deiner Finger, mit deiner Art, dich zu bewegen.
Vielleicht wirst du ein Shakespeare, ein Michelangelo, ein Beethoven. Du besitzt alle Fähigkeiten. Ja, du bist ein Wunder. Und wenn du größer wirst, bist du dann fähig, einem anderen Menschen, der ein Wunder ist wie du, Schaden zuzufügen?

Während ich von meinem Tee trank, dachte ich, wenn ich der Mann des Abgrunds wäre, hätte ich jedem Suizidgefährdeten diesen einfachen und aufschlussreichen Text geschenkt.

»Wo bist du, Toni?«, fragte mich der Alte schmunzelnd, während er seine Teeschale in der Hand hielt.

»Weit weg ... und gleichzeitig sehr nah. Aber erzählen Sie weiter, Kosei-San. Wie hat Moses auf Ihre Strategie reagiert?«

»Es war keine Strategie. Ich habe ihm einfach das Kommando über sein Leben übergeben ... und über seine, wie er glaubt, zukünftigen Leben. Als er mich verwundert anstarrte, wusste ich, dass das, was ich ihm nun sagte, ihn im Innersten berühren würde. ›Und was kann ich tun, um das Lied des Abgrunds zu hören?‹, hat er mich gefragt.

Ich habe seinem Blick standgehalten und geantwortet: ›Wie alle großen Offenbarungen wird auch diese ein gewaltiges Opfer von dir verlangen: Du musst allein auf dieses Lied warten. Genau deshalb sind die meisten Religionen in der Wüste entstanden. Will man das Lied des Abgrunds hören, sind zwei Menschen schon eine Menschenmenge.‹

Moses schienen meine Worte zu ermutigen. ›Vor Einsamkeit fürchte ich mich nicht, Wächter‹, sagte er, und ich fiel ihm sogleich ins Wort: ›Das Geheimnis, das ich dir jetzt verraten werde‹, sagte ich, ›darfst du mit niemandem teilen. Nicht einmal mit deinen Lieben ... auch nicht mit deinem Meister.‹ Er nickte, und ich fuhr fort: ›Wenn du diese Berge verlässt, dann trenne dich eine Zeit lang von ihnen und warte in Einsamkeit darauf, dass das Lied des Abgrunds heimlich deine Seele liebkost.‹

Da fragte mich Moses: ›Und gibt es irgendeine Möglichkeit, wie man das Lied des Abgrunds herbeilocken kann? Meine Mutter hat immer gesagt, ich sei ein ungeduldiges Kind.‹

›Das ist ein interessantes Detail‹, unterbrach ich ihn erneut.

›Genau!‹, erwiderte er euphorisch, als hätte ich soeben eine Prüfung bestanden. Und so habe ich den Rest des Tages damit verbracht, mit Moses über seine Mutter zu reden. Während er Tee trank, stellte ich ihm Süßigkeiten hin, die ihn in die Kindheit zurückversetzten. Er war im Reagenzglas gezeugt worden, der Vater unbekannt, und seine Mutter war bei einem Unfall ums Leben gekommen, was ihn aus der Bahn geworfen hatte. Aber zuallererst beantwortete ich seine Frage.«

»Die Antwort interessiert mich!«, rief ich aufgeregt.

»Ich sagte zu ihm: ›Das Lied des Abgrunds, das dir den Weg in dein neues Leben weisen wird, kann in jedem beliebigen Moment in deiner Seele erklingen, nämlich immer dann, wenn du etwas tust, das die Welt besser macht. Auch wenn du bei dir selbst beginnst, kommst du dem Lied ein bisschen näher.‹«

19.
EIN GLAS MILCH

Während ich hellwach im Bett lag und einfach nicht zur Ruhe kam, wurde mir bewusst, dass dieser Zustand innerer Erregung – oder war es vielleicht Hellsichtigkeit? – hier in Kosei-Sans Hütte mein Normalzustand war. Meine Schlaflosigkeit konnte ich einer ganzen Reihe möglicher Umstände zuschreiben:

Der erste war die schon seit fast einer Woche abgerissene Verbindung zu meinem früheren Leben, vor allem zu der Werbeagentur, die meinen Namen trug. Ich hatte mich nicht einmal dazu durchgerungen, im Einkaufszentrum mein Handy neu aufzuladen. Vermutlich aus Angst vor einer Flut von Benachrichtigungen, Fragen und Beschwerden. Vielleicht lag es auch daran, dass ich definitiv in der Welt *jenseits von Nirgendwo* gelandet war, in der man diese Art der Kommunikation nicht brauchte. Und selbst wenn es mir gelingen sollte, den Akku wieder aufzuladen, was in meinem Auto nicht funktioniert hatte, besaß ich dort, wo ich jetzt war, zum Glück keinen Empfang.

Zweitens hatte die Begegnung mit Esmeralda mich zutiefst aufgewühlt. Auch wenn wir uns in diesem Leben wohl kaum noch einmal begegnen würden, sagte mir eine angenehme Wärme in der Brust, dass ich die Stunden, die wir zusammen verbracht hatten, nie vergessen würde, auch die nicht, in denen ich neben ihr geschlafen hatte und sie im Traum bei mir gewesen war.

Schließlich war da noch die Geschichte, die Kosei-San mir soeben erzählt hatte, und die sonderbare gemischte Gefühle in mir auslöste. Einerseits fand ich es bewundernswert, dass er es geschafft hatte, diesen Moses von seinem verrückten Vorhaben abzubringen, womit er ihm zweifellos das Leben gerettet hatte. Andererseits hatte er nur den Späher ins Leben zurückholen können, den ersten von vielen ... Die Übrigen würden bald auftauchen, in der Annahme, dass einen Schritt über den Klippenrand hinaus die Erlösung auf sie wartete.

Dieser Gedanke bedrückte mich und erinnerte mich an einen Gefühlszustand, den ich aus meiner Jugend kannte. Er hatte mit der Gewissheit zu tun, dass der Schmerz der Welt zu groß ist, um ihn heilen zu können.

Wenn ich früher an das Ausmaß der weltweiten Probleme dachte – Klimawandel, Artensterben, Kriege, Hungersnöte, Überbevölkerung –, konnte ich letztlich nur noch die Augen davor verschließen. Ich versuchte dann immer, mich mit irgendetwas abzulenken, damit die Beklemmung nicht überhandnahm.

Jonathan war anders gewesen, und vielleicht war dies der Schlüssel zu der ganzen Katastrophe.

Aber um auf die Frage zurückzukommen, die mich in der Dunkelheit des Zimmers wach hielt: Hatte es überhaupt einen Sinn, einen einzigen Menschen zu retten, wenn man wusste, dass hundert andere geradewegs auf den Abgrund zusteuerten?

Die Antwort lieferte mir ein Film, der mich in meiner Studienzeit tief beeindruckt hatte: *Schindlers Liste*. Darin kam auch ein Zitat aus dem Talmud vor: *Wer ein einziges Leben rettet, rettet die ganze Welt.*

In dem Film bezog sich dieser Satz darauf, dass, wenn man einen Menschen vor dem Tod bewahrt, man auch seinen Kindern und Kindeskindern das Leben ermöglicht. Jetzt begann ich zu ahnen, dass er noch etwas anderes bedeutete.

Wenn man die Menschheit und die Welt als ein Ganzes betrachtet, ist jeder Akt der Liebe und des Mitgefühls bedeutsam.

Das wiederum erinnerte mich an jemanden, über den ich in meiner Zeit als Journalist einmal einen Artikel geschrieben hatte: Dr. Howard Kelly.

Kelly, ein gebürtiger Ire, war in so großer Armut aufgewachsen, dass er als Jugendlicher hausieren gehen musste, um sich sein Schulgeld zu verdienen.

Einmal war er so hungrig, dass er während der Arbeit überlegte, um Essen zu betteln. Doch als er an der nächsten Tür klingelte, öffnete ihm ein so bezauberndes junges Mädchen, dass es ihm die Sprache verschlug und er, bevor er seine Ware anpries, nur um ein Glas Wasser bat.

Das Mädchen sah den abgemagerten Jungen, und da es vermutete, dass er Hunger hatte, brachte es ihm ein großes Glas Milch.

Der junge Verkäufer trank es genüsslich, und obwohl er nur zehn Cent in der Tasche hatte, fragte er das Mädchen hinterher, was er ihm schulde. »Du schuldest mir nichts«, lautete die Antwort. »Meine Mutter hat uns beigebracht, nie etwas dafür zu nehmen, wenn wir jemandem helfen, der uns braucht.«

An jenem Abend kam Kelly mit mehr als einem Glas Milch im Magen nach Hause. Die gute Tat des Mädchens hatte ihm den Glauben an die Menschheit zurückgegeben.

Dasselbe Mädchen erkrankte eines Tages als erwachsene Frau so schwer, dass keiner der Ärzte in ihrer Nähe ihr helfen konnte. Da ihr Leben auf dem Spiel stand, wurde sie in ein Krankenhaus überwiesen, wo der beste Spezialist versuchen sollte, ihr Leben zu retten.

In seinem Arztkittel erkannte sie den Mann nicht wieder.

Er widmete all seine Zeit und sein ganzes Wissen dem Kampf um das Leben seiner Patientin und konnte sie schließlich entgegen allen negativen Prognosen retten.

Nachdem sie aus dem Krankenhaus entlassen worden war, bezahlte der Arzt persönlich sämtliche Behandlungskosten und bat die Krankenhausverwaltung, der Genesenen die Quittung zuzuschicken.

Als diese den Brief mit dem Absender des Krankenhauses erhielt, wagte sie zuerst nicht, ihn zu öffnen, da sie wusste, dass sie für ihre aufwendige Behandlung bis an ihr Lebensende würde bezahlen müssen.

Verwundert zog sie die Quittung aus dem Umschlag und las darauf eine kurze Mitteilung, die ihr Tränen in die Augen trieb:

Vor vielen Jahren mit einem Glas Milch vollständig beglichen.
Dr. Kelly

20.
BUDDHAS BOTSCHAFT

Als ich erwachte, hatte ich kurz das Gefühl, ich säße immer noch mit Esmeralda in meinem gestrandeten Wagen.

Draußen regnete es in Strömen.

Dann realisierte ich ein wenig enttäuscht, wo ich war, und blieb noch eine Weile träge im Bett liegen. Der Tag begann ungemütlich, und meine Stimmung sackte weiter ab, als ich an Jonathans Urne dachte, die jetzt vermutlich in der Schlucht im Schlamm begraben lag.

Ärgerlich beschloss ich, nicht kampflos aufzugeben. Jetzt, wo ich die notwendige Ausrüstung besaß, würde ich warten, bis der Regen aufgehört hatte, und in die Schlucht hinuntergehen. Jeden Quadratzentimeter Gelände würde ich durchkämmen, bis ich meinen Bruder gefunden hätte.

Mit einem Satz sprang ich aus dem Bett und stellte im nächsten Moment fest, dass eine simple spontane Aktion ohne viel vorheriges Nachdenken oftmals genügt, um Dinge in Gang zu bringen.

Bei Tageslicht entdeckte ich in diesem Gästezimmer, das zugleich Kosei-Sans Privatmuseum war, einiges, was mir zuvor nicht aufgefallen war.

Ich öffnete einen Schrank, in dem ich auf einige unvollendete Gemälde und eine kaputte Staffelei stieß, außerdem auf ein paar philosophische Bücher und gebrauchte Männerkleidung. Vermutlich hatten diese Dinge noch etwas mit Amanda, der Malerin, zu tun.

Als ich das Zimmer verließ und feststellte, dass der Alte offenbar nach draußen gegangen war, um trotz des ungemütlichen Wetters seiner Wächteraufgabe nachzukommen, konnte ich mir einen Blick in sein Schlafzimmer nicht verkneifen. Der Raum war geradezu ein Sinnbild für Diskretion: Nichts Überflüssiges, kein Bild an der Wand, kein einziges Buch.

Ein Detail aber sprang mir ins Auge: Auf einer Kommode lag eine getrocknete Rose, die aussah, als könnte ein bloßer Blick sie jeden Moment zerfallen lassen.

Ich ging zurück in den kleinen Wohnraum und blieb vor dem Kamin stehen, der sich neben dem großen, vom Regen verschleierten Fenster befand. Auf dem Sims entdeckte ich einen glänzenden Gegenstand, der mir bisher noch gar nicht aufgefallen war, einen herzförmigen silbernen Anhänger, den offenbar jemand hier hatte liegen lassen. Man konnte sehen, dass dort eine Inschrift hineingekratzt worden war.

Wem mochte er gehören? Eine Eingebung sagte mir, dass sich hinter dem Herzen gewiss eine Geschichte verbarg. Ich beschloss, den Meister bei nächster Gelegenheit danach zu fragen.

Neben dem Kamin hing ein Holzschnitt mit einem Buddha des Mitgefühls, der ein wachsames Auge auf meine Nachforschungen zu haben schien. Das Bild hing ein wenig schief, und da mich so etwas schon immer irritiert hat, rückte ich es gerade.

Als ich den Rahmen berührte, fiel etwas herunter, direkt auf meine Füße.

Ich bückte mich, ohne zu wissen, dass diese kleine Geste

meinem Aufenthalt an der Felsenklippe eine neue Wendung geben sollte.

21.
GELÜFTETE GEHEIMNISSE

Portland, 26. Dezember

Heute Morgen habe ich wieder Rob auf dem Treppenabsatz getroffen. Aus dem dicken Wollschal um seinen Hals schaute seine Stupsnase hervor. Er ist das einzige Kind einer ledigen Mutter, die offenbar meint, er sei nie warm genug angezogen.
Rob ist mein Nachbar, er geht in die erste Klasse und ist schwarz. Deshalb finden die anderen Nachbarn es sehr ungewöhnlich oder zumindest unlogisch, dass er mit einem fünfundzwanzigjährigen Beamten japanischer Herkunft befreundet ist.
Aber weder er noch ich haben ein Händchen für Logik.
Rob ist ungemein witzig und ein exotischer Vogel, der über die Mauern an Vorurteilen, die hier in meinem halb japanischen, halb weißen Viertel herrschen, einfach hinwegfliegt. Niemand weiß so genau, wie er und seine Mutter hier gelandet sind.
Er ist ein neugieriges Kind und sogar ein bisschen diebisch: Jeden Morgen, wenn ich aus dem Haus gehe, klaut er mir ein paar Minuten.
»Wohin gehst du?«, hat er mich heute gefragt, als er auf der Treppe saß.
»Das weißt du doch, Rob ...«
»Wohin gehst du?«, hat er wiederholt.

Wenn ich nichts sage, lässt er mich nicht aus dem Haus und ich komme zu spät, habe ich gedacht. Also habe ich ihm geantwortet.
»Ins Niemandsland.«
»Wenn du vorbei willst, musst du die Maut bezahlen.«
Er hat mir seine pummelige Hand hingehalten, die in einem löchrigen Handschuh steckte. Ich habe einen Keks hineingelegt.
»Denk dran, mir eine Postkarte zu schicken«, hat er gesagt, bevor er zurück in seine Wohnung ging, aus der seine Mutter ihn gerade zum Frühstück rief.
Heute habe ich beinahe den Zug verpasst. Ich habe ihn auf den letzten Drücker erwischt und war zum Glück rechtzeitig an der Stechuhr.
»Niemandsland« nenne ich den Keller, in dem ich sechs Tage die Woche täglich acht Stunden verbringe.
Von dort will ich Rob aber keine Postkarte schicken, obwohl es gerade an diesem Ort am einfachsten wäre.
Aber das Schreiben tut mir gut, das merke ich. Vor zwei Tagen hat der Weihnachtsmann mir dieses Notizheft gebracht, und ich habe beschlossen, jeden Tag in der Mittagspause ein bisschen zu schreiben. Vielleicht vergeht die Zeit hier im Niemandsland dann etwas schneller.

Mein Blick hing gebannt an diesen in einer einfachen, sorgfältigen Schrift verfassten Zeilen. Es ging darin um alltägliche Dinge aus einem ganz anderen Leben Kosei-Sans im grauen Labyrinth einer Stadt. Schnell hatte ich begriffen, dass dieses hinter dem Buddha verborgene dünne Heft sein Tagebuch aus jungen Jahren war.

Der einfache Bericht übte eine unerklärliche Anziehungskraft auf mich aus. Ich wollte und konnte nicht aufhören, die kurzen Texte zu lesen, die, aneinandergereiht, eine zauberhafte Kette bildeten.

Es blieb nur die Frage, ob es sich um ein Schmuckstück oder eine Fessel handelte.

Portland, 7. Januar

Was gäbe ich darum, auch all das lesen zu können, was man nicht mit Worten niederschreibt! Zum Beispiel würde ich gern das Schweigen meiner Mutter lesen. Das freundliche, gefällige Schweigen, das sie einhüllt, schützt und isoliert. Es hält sie fern von uns und der Gegenwart, aber nah bei all denen, die schon gegangen sind, und nah bei der Vergangenheit. Nah bei meinem Vater. Nah bei einem Japan, das nur durch ihre Adern, aber nicht durch ihre Erinnerung fließt. Ich würde gern den Wind lesen, die Baumrinde, das Wasser im Teich, den Erdboden ...
Mein Vater hat gesagt, dort lägen die Geheimnisse der Natur für den verborgen, der sie zu entziffern versteht. Außerdem hat er gesagt, sein Vater, also mein Großvater, der Bauer war und weder lesen noch schreiben konnte, habe ihre Sprache verstanden. Er hat stets reiche Ernten eingefahren, und eines Tages hat er seine Hühner vor einem Hochwasser gerettet, das die seiner Nachbarn fortgeschwemmt hat. An Essen hat es ihm nie gemangelt. Aber sein Sohn, also mein Vater, beschloss irgendwann, weit weg zu fliegen, in die Vereinigten Staaten, weil er den amerikanischen Traum viel interessanter fand als das Leben in seinem Dorf. Danach ist der alte Mann nie wieder glücklich geworden, weil er begriffen hat, dass mit dem Fortgang seines Sohnes seine Hühner und seine Ländereien untergehen würden. Einmal auf einem Straßenmarkt, der immer sonntags hier in der Nähe stattfindet, hat mir eine Frau, die aussah wie eine Zigeunerin, angeboten, mir aus der Hand zu lesen. Oder in meinem Kaffeesatz, falls mir das lieber wäre. Sie hat gesagt, sie könne meine Zukunft lesen.

Meine Zukunft! Da musste ich lachen. Ich war fünfzehn Jahre alt und habe ihr gesagt, sie könne meine Zukunft nicht lesen, weil die erst noch errichtet werden müsse und nur von einem einzigen Architekten abhänge, und das sei ich selbst. Im Kopf hätte ich sie bereits entworfen. Ich habe gelacht, und sie hat mir einen Fluch hinterhergerufen.
Vielleicht hat mich ja etwas davon getroffen, denn meine Zukunft sieht überhaupt nicht so aus, wie ich sie mir erträumt habe.
Ich hätte gern gelernt, die Narben auf der Haut, im Geist und im Herzen zu lesen, um sie zu heilen. Ich dachte immer, das wäre es, was ich eines Tages machen würde. Aber alles, was ich lese, Tag für Tag, sind Papiere, Papiere, Papiere.

Zeile für Zeile spürte ich die Last einer unerwünschten Realität, die den Verfasser dieses Tagebuchs erdrückte. Ich war so in die Lektüre des Heftes vertieft, dass ich, noch immer in Pyjamahose und langärmeligem T-Shirt, gar nicht bemerkte, dass es aufgehört hatte zu regnen.

Portland, 1. Februar

Vor drei Tagen hat Rob nicht auf dem Treppenabsatz auf mich gewartet, und das macht mir Sorgen.
Langsam gehe ich zu seiner Wohnungstür. Huste. Setze die Füße etwas kräftiger auf als nötig. Aber nichts passiert.
Heute war mir, als hörte ich leises Atmen hinter der Tür. Für alle Fälle habe ich einen Zettel mit einem großen lachenden Gesicht darauf unter der Tür durchgeschoben.
Meine Maut.
Vielleicht bin ich besonders sensibel, weil ich zu viel Gewicht in meinem Rucksack trage. Gestern haben wir den Todestag meines Vaters

gefeiert. Feiern klingt absurd. Wer feiert denn den Tod eines Menschen, den er liebt? Wer feiert das Verschwinden einer ganzen Welt?
Vor zehn Jahren hat mein Vater uns verlassen.
Auch diesen Ausdruck verstehe ich nicht ganz.
Meine Mutter ist allein mit uns in dieser Stadt geblieben, die ihr fremd ist, aber sie hatte nicht die Kraft, zurückzugehen und noch einmal von vorne anzufangen.
Ich bin der Älteste von uns Kindern, also habe ich mich meiner Verantwortung gestellt. Als ich die höhere Schule hinter mir hatte, habe ich all meine Träume begraben und angefangen, im Restaurant eines Onkels zu arbeiten. Drei Jahre später saß ich an einer Supermarktkasse. Danach habe ich es an den Empfangstresen einer Bank geschafft. Und dann hat ein Glücksfall, wie meine Familie findet, mich dort begraben, wo ich jetzt arbeite: im Niemandsland.

Ich hörte, wie Kosei-San einer Gruppe Ausflügler draußen Tipps gab.

Ich schaute auf die Wanduhr. Der Morgen war wie im Flug vergangen. Wie war das möglich?

Rasch lief ich zurück in mein Zimmer, bevor der Meister zur Tür hereinkam, und hatte gerade noch Zeit, das Tagebuch unter die Matratze meines Bettes zu schieben.

Etwas sagte mir, dass Kosei-San nicht erfahren durfte, dass ich es gefunden hatte.

22.
IM LAND DER MASKEN

»Trinkst du einen Tee mit mir?«

Eine Antwort auf die Frage war nicht nötig, da sie zugleich die Einladung zu einer neuen Geschichte war. Inzwischen hatte ich geduscht und meine eigenen Sachen angezogen. Ich setzte mich also an den Tisch, um Kosei-San zuzuhören.

Die letzten Gewitterwolken hatten sich verzogen, Sonne fiel in jeden Winkel des Wohnzimmers und kündigte den nahen Sommer an.

Während Kosei-San Wasser aufsetzte und die kleine Küche sich wenig später mit Dampf füllte, drängten sich neue Menschen in mein Leben.

»William Shakespeare hat gesagt: *Der Feigling stirbt schon vielmals, ehe er stirbt, die Tapferen kosten einmal nur den Tod.* Findest du das Zitat nicht wunderbar?«

Ich nickte, gespannt auf Kosei-Sans Bericht, während ich ein Toastbrot mit Erdnussbutter aß. Die hatte ich von der Fahrt in das Einkaufszentrum mitgebracht, das mir jetzt, nur einen Tag später, schon so fern erschien wie eine außerirdische Welt.

Kosei-San füllte meine Tasse mit dem *Gunpowder*, der immer bis zu dreimal aufgebrüht wurde, bevor er im Komposteimer landete.

»Der Spruch erinnert mich an Martin, einen Mann, der eine zu große Last auf den Schultern trug. Das fiel mir sofort auf, als ich ihn sah. Sein hängender Kopf, sein müder Gang, seine hochgezogenen Schultern ... Aber dann lief alles ganz anders ab als sonst«, sagte Kosei-San mit halb geschlossenen Augen, während er sein mit menschlichen Schicksalen angefülltes Gedächtnis durchforstete. »Zuerst sah ich ihn mit einer geführten Wandergruppe vorbeilaufen ... später dann noch einmal allein.

Es war an einem sehr nebligen Abend. An meinem Fenster kam jemand vorbei, der nur verschwommen zu erkennen war. Ich ging sofort nach draußen, konnte im Nebel aber nur blind umhertappen. Ich dachte schon, meine Sinne hätten mich getäuscht und der Mensch, den ich zu sehen geglaubt hatte, sei nur eine Einbildung.

Doch dann hörte ich ein Schluchzen, das mir im Nebel als Leuchtturm diente. Es lenkte meine Schritte, bis ich einen jungen Mann um die Dreißig entdeckte. Nicht weit vom Abgrund umklammerte er weinend einen Baum, vielleicht hast du den schon mal gesehen, er steht am nördlichen Ende der Klippe.«

Ich nickte und trank einen Schluck Tee. Dieser einsame Baum, der gegen den Ansturm der Winde gefeit schien, war ein Überlebender der Höhenregionen. Genau wie Kosei-San.

»Wie immer bin ich ganz langsam zu ihm gegangen«, fuhr Kosei-San fort, »um ihn nicht zu erschrecken. Als ich wortlos nach seiner Schulter griff, merkte ich, dass er genauso groß war wie ich. Er kam widerstandslos mit mir mit, als gehorchte er nicht seinem eigenen Willen.

Als wir die Hütte betraten, zitterte er von Kopf bis Fuß. Ich machte Feuer im Kamin und bat ihn, sich in den kleinen Sessel zu setzen, wo ich ihn in mehrere Decken hüllte. Schweigend machte ich uns einen Tee und goss ihm eine Tasse ein. Dann setzte ich mich zu ihm.

Während im Kamin das brennende Holz knisterte, ließ sein Weinen allmählich nach, bis nur noch ein paar Schluchzer und vereinzelte Tränen kamen. Da wusste ich, dass der Moment gekommen war, ihm zuzuhören. Ich brauchte ihm keine einzige Frage zu stellen, Toni.«

Ich lächelte innerlich bei dem Gedanken an das, was Kosei-San in sein Tagebuch geschrieben hatte. In seinem Leben als Beamter, wo auch immer sich dieses Niemandsland befunden haben mochte, hatte er vielleicht nur Rundschreiben, Abholbescheinigungen und Formulare gelesen, aber als Mann des Abgrunds war er fähig, in den tiefsten, verborgensten Winkeln der Seele zu lesen.

»Ohne den Blick von den brennenden Scheiten zu heben, erzählte Martin mir seine traurige Geschichte. Er hatte an einer renommierten Universität Anthropologie studiert. Nach seinem Diplom hatte er beschlossen, mit seinem besten Freund in einem Kleinbus durch Afrika zu reisen. Die beiden wollten bis ins Land der Dogon fahren, ein tausendjähriges Volk, das in einer zerklüfteten Bergwelt lebt, ähnlich wie dieser hier …

Die Volksgruppe der Dogon zählt nicht einmal achthunderttausend Menschen, verfügt aber über zwölf Sprachen und fünfzig Dialekte. Außerdem besitzen diese Menschen eine Geheimsprache, das *sigi*, das nur die Stammesoberen erlernen, die der Geheimgesellschaft der Masken angehören. Man munkelt sogar, dieses Volk habe Kontakt mit Außerirdischen gehabt.«

»Ich kann gut verstehen, warum die beiden jungen Anthropologen dorthin wollten …«, sagte ich, gespannt auf den Fortgang der Geschichte, und goss mir eine zweite Tasse Tee ein.

»Sie kellnerten sechs Monate in einer Kneipe, um das Geld für ihr Abenteuer zusammenzukriegen. Sie waren überzeugt, dass diese Initiationsreise ihr Leben verändern würde. Martin würde die Gelegenheit bekommen, vor Ort Fakten zu sammeln, um mit seiner Doktorarbeit beginnen zu können, und sein Freund Fred, ein leidenschaftlicher Fotograf, wollte anschließend seine erste große Ausstellung machen. Natürlich hat die Reise ihr Leben verändert, aber nicht so, wie sie es sich vorgestellt hatten.«

Kosei-San, ein Meister der Spannung, schwieg ein paar Sekunden, um sich zu vergewissern, ob ich auch aufmerksam zuhörte. Wie hätte ich das nicht gekonnt?

»Martin erzählte mir, im Grunde sei diese Reise schon von der ersten Minute an schiefgelaufen. Glaubst du an Schicksal? Er hat mir gestanden, ihm sei in seinen schlaflosen Nächten, in denen er sich wieder und wieder an jedes Detail erinnert, bewusst geworden, wie viele Aufforderungen, ihr Abenteuer abzubrechen, das Universum ihnen geschickt habe.« Der alte Mann seufzte und machte eine bekümmerte Handbewegung. »Aber sie waren jung, und alles Mysteriöse faszinierte sie. Wie soll man sich auch gegen seine grenzenlosen Erwartungen wehren? Jedenfalls haben sie keines der vielen Signale beachtet.

Um ihr Abenteuer noch spannender zu gestalten, hatten sie beschlossen, von Nordafrika aus statt mit dem Flugzeug auf einem Handelsschiff weiterzureisen. Aber genau am Tag, als sie an Bord gehen wollten, streikte die Besatzung aus Protest gegen die miserablen Löhne, sodass sie an Land bleiben und sich eine andere Schiffskompanie und einen anderen Kapitän suchen mussten, der bereit wäre, sie gegen Bezahlung und Hilfsarbeiten auf seinem Schiff mitzunehmen.

Eine Woche später konnten sie endlich an Bord gehen. Ihr erstes Ziel war Senegal. Von dort aus wollten sie ins Land der Dogon fahren. Nahe der Grenze zu Mali aber gab ihr Kleinbus den Geist auf, und der Fahrer, der ihnen zugleich als Reiseführer gedient hatte und den sie im Voraus bezahlt hatten, verschwand und überließ sie ihrem Schicksal. Anscheinend hatte er dafür kassiert, sie bis dorthin zu bringen.

Mit einem Taxi gelangten sie nach Mali, wurden aber an der Grenze nicht ins Land gelassen, da man das Visum in ihren Pässen nicht akzeptierte. Nach stundenlangen Gesprächen und einer Extrazahlung gab man ihnen endlich den Weg ins ersehnte Land frei. Aber aus ihrem Traum sollte bald ein Albtraum werden.

Als sie im ersten Dorf ankamen, warnte sie die örtliche Polizei, es herrschten Unruhen im Land und die Behörden könnten nicht für ihre Sicherheit garantieren.«

»Was für ein Pech!«, rief ich. »Nach einer so langen Reise wieder umkehren zu müssen … Wo sie doch schon kurz vor dem Ziel waren.«

Kosei-San schaute mich an, als verstünde er kein Wort.

»Wer sagt, dass sie umgekehrt sind? Martin und Fred beschlossen, alles auf eine Karte zu setzen. Sie hatten gelesen, dass die Dogon ein gastfreundliches, harmonieliebendes Volk seien. Deshalb dachten sie, sie bräuchten es nur noch bis zum Ufer des Niger zu schaffen, wo die Dogon leben, dann hätten sie den sicheren Hafen erreicht. Was waren schon zweihundert Kilometer, nachdem sie einen Ozean überquert hatten, durch die Wüste und durch mehrere Länder gefahren waren?«

Ich trank einen Schluck Tee, damit sich der Knoten auflöste, der sich in meiner Kehle gebildet hatte. Mir war klar, dass diese letzte Entscheidung fatale Folgen gehabt haben musste, aber trotzdem wollte ich natürlich erfahren, wie die Geschichte ausgegangen war.

»Am vierten Tag in Mali, wo sie ihre Reise in klapprigen Bussen fortsetzten, fühlte Martin sich auf einmal elend. In einem abgelegenen Dorf stiegen beide aus, damit Martin sich übergeben konnte, und liefen anschließend zu Fuß weiter, eine Straße entlang, die in eine kleine Stadt führte. Dort, so hatte man ihnen versichert, würden sie eine Fahrgelegenheit ins Land der Dogon bekommen.

Als sie ein Motorengeräusch hörten, glaubten sie sich gerettet, mussten aber bald feststellen, dass sie in ihr Verderben gelaufen waren. Martin musste sich noch einmal hinter ein paar Büsche zurückziehen, um sich zu übergeben, und von dort aus sah er, wie sein Freund die Hand hob, um den sich nähernden Wagen anzuhalten … und auch alles Weitere, was dann geschah.

Zwei Männer bedrohten den Freund mit einem Fleischermesser. Ihren Gesten entnahm Martin, dass sie Geld, Handy und Papiere von ihm verlangten. Fred begann mit ihnen zu diskutieren. Offenbar versuchte er, Zeit zu gewinnen, und bestimmt wartete er darauf, dass Martin ihm zu Hilfe kam. Sie wären dann zwei gegen zwei gewesen. Martin hätte sich den Männern von hinten mit einem schweren Gegenstand, zum Beispiel einem Stein, nähern und ihnen einen Schlag versetzen können …

Aber noch bevor Martin sich die Szene weiter ausmalen konnte, sah er, wie das Fleischermesser sich in den Hals seines Freundes bohrte. Selbst da rührte er sich nicht von der Stelle. Er war von Panik gelähmt und wartete ab, bis sich die Männer mitsamt ihrer Beute vom Tatort entfernt hatten.

Dann lief er schockiert zur Straße zurück. Er war außerstande, die Leiche seines Freundes anzuschauen, und wurde in diesem Moment selbst zu einem lebenden Toten. Aus den Augenwinkeln sah er nur, dass man Fred den Kopf abgetrennt hatte.

Nachdem er mehrere Tage bei der Polizei und mit der Erledigung der Rückführungsformalitäten verbracht hatte, kehrte er nach Hause zurück, mit dem sicheren Gefühl, dass auch er selbst in Mali gestorben war. Immer wieder lief vor seinem inneren Auge die grauenvolle Szene ab, mit allen Varianten dessen, was er selbst hätte tun können und nicht getan hatte. Er war unfähig, sich Arbeit zu suchen, und zerstritt sich mit sämtlichen Freunden.

Er lebte zurückgezogen im Haus seiner Eltern, in dem ihn Nacht für Nacht Freds abgetrennter Kopf heimsuchte. Im Traum beschimpfte ihn sein Freund manchmal, oder Martin sah ekelhafte Maden aus Freds Mund und Augenhöhlen kriechen … Nach einem qualvollen Monat voller Albträume überredete ihn ein Cousin an einer Wanderung teilzunehmen, bei der er anfangen könne, das Erlebte langsam zu vergessen. Dabei entdeckte Martin diesen Ort und beschloss, noch einmal allein herzukommen, um mit allem Schluss zu machen.

Als er dort saß, wo du jetzt sitzt, fragte ich ihn, was er denn mit einem Sprung ins Leere wiedergutmachen wolle. Der könne doch seinen Freund ohnehin nicht ins Leben zurückholen. ›Es wäre die einzige Möglichkeit, meine Schuld zu sühnen‹, antwortete er verzweifelt, ›indem ich mit meinem Leben bezahle. Ich hätte es schon gemeinsam mit ihm auf dieser staubigen Straße lassen müssen. Aber ich konnte nicht. Ich bin ein Feigling. Ich war schon im Begriff zu springen, und im letzten Moment habe ich gespürt, dass …‹«

»Dass was?«, fragte ich, als Kosei-San nachdenklich schwieg.

»Weiter sagte er nichts. Er war unfähig auszusprechen, was er empfand. Seine Schuldgefühle waren wie ein riesiges schwarzes Loch, das ihn verschlang.«

»Ich kann ihn verstehen …«, sagte ich und stand auf, um meine Glieder zu strecken. »Allerdings kann ich mir gar nicht vorstellen, wie Sie jemandem helfen konnten, der eine so große Last auf den Schultern trug.«

»Am Anfang wusste ich selbst nicht wie«, entgegnete Kosei-San, während er erneut Wasser aufsetzte, »aber im Lauf unseres Gesprächs gelangten wir an den richtigen Punkt. Zunächst stellte ich ihm eine ganz direkte Frage: ›Wird Fred wieder zum Leben erweckt, wenn du in den Abgrund springst?‹

Einen Moment lang wusste Martin nicht, was er sagen sollte, musste die Frage dann aber verneinen. Da wurde ich etwas angriffslustiger: ›Wenn dein Sprung in die Tiefe deinen Freund nicht wieder ins Leben zurückholt, dann gehst du damit nur deiner Verantwortung aus dem Weg. Es wäre ein Akt der Feigheit, ein noch schlimmerer als der, der dich so quält.‹

Mit diesen Worten hatte ich ins Schwarze getroffen, denn er stand auf, so wie du jetzt, und sagte: ›Was willst du mir damit sagen?‹

Als ich merkte, dass er sich in seinem Stolz verletzt fühlte, wusste ich, dass ich ihn hatte. Der Logik folgend, die uns bis an diesen Punkt geführt hatte, sagte ich: ›Wenn wir davon ausgehen, dass ein Tod nicht durch einen anderen wiedergutzumachen ist, dann bestünde die einzige Möglichkeit, einen Ausgleich für den Tod deines Freundes zu finden, darin, ein anderes Leben zu retten … oder sogar mehrere. Dann hättest du sogar noch etwas gut.‹«

»Wow … Sie haben den Spieß einfach umgedreht. Und was hat Martin darauf geantwortet?«

»Er hat eine Weile nachdenklich geschwiegen. Und schließlich kam eine Antwort: ›An dem, was Sie sagen, ist viel dran. Die Frage ist nur, wie ... wie kann ich ein Leben retten?‹

›Das musst du selbst herausfinden‹, habe ich gesagt, ›aber du hast ja genug von der Welt gesehen, um zu wissen, dass es zum Beispiel Kinder gibt, deren Leben durch eine kleine wohltätige Geste gerettet werden kann. Du kannst jemand sein, der Großes bewirkt. Tu es für Fred ... und tu es vor allem für dich.‹«

Kosei-San schwieg einen Moment, bevor er weitersprach, und machte damit auch deutlich, dass zwischen dieser Unterhaltung und Martins erneuter Kontaktaufnahme mit ihm einige Zeit vergangen war.

»Sechs Monate später kam er wieder hier herauf, was mich unendlich freute. Nicht nur weil er beschlossen hatte, am Leben zu bleiben. Seine Bewegungen strahlten Kraft aus, und seine Augen leuchteten vor Freude. Er war ein anderer Mensch.«

»War es ihm gelungen, jemandem das Leben zu retten?«, fragte ich gespannt.

»Das wollte ich dir gerade erzählen ... Er hat ein Projekt auf die Beine gestellt, um Hunderte, vielleicht sogar Tausende Leben zu retten. In Zusammenarbeit mit einer Ethischen Bank hat er Sparbüchsen entworfen, die jetzt in Schnellrestaurants, die kein Trinkgeld verlangen, neben der Kasse stehen. Ist das nicht toll? Das Motto der Aktion lautet DEIN WANDEL VERWANDELT DIE WELT. Es geht darum, dass die Kunden mit ihrem Beitrag eine Stiftung unterstützen, die sich dafür einsetzen will, dass malische Dörfer, in denen es an allem fehlt, mit Trinkwasser, Medikamenten und medizinischer Hilfe versorgt werden. Die Stiftung soll das Kürzel FF tragen ...«, sagte Kosei-San und lächelte zufrieden. »Weißt du, was es bedeutet?«

»Ich glaube ja …«, murmelte ich ergriffen.
»Genau, mein Freund, die Stiftung wird *Fred Foundation* heißen.«

23.
DER WÄCHTER DES PARADIESES

Die Geschichte hatte mich dermaßen aufgewühlt, dass ich die Hütte verlassen musste. Obwohl ich nach den letzten Regengüssen kaum noch Hoffnung besaß, die Urne wiederzufinden, wollte ich mir wenigstens sagen können, ich hätte es versucht.

Mit vernünftigen Schuhen, zwei Wanderstöcken und einem Rucksack ausgerüstet, in dem ein Regencape, eine Rolle Schnur und eine Feldflasche steckten, verabschiedete ich mich von Kosei-San und sagte, ich würde zum Abendessen zurück sein.

Mir blieben noch fast sechs Stunden Tageslicht, um das Gelände abzusuchen. Auf meinem Weg in die Schlucht musste ich pausenlos an die Geschichte von Martin und Fred denken.

Wenn der Anthropologe Erlösung in einer NGO gefunden hatte, die Leben in dem Land rettete, wo sein Freund seines verloren hatte, dann konnte doch auch ich etwas tun, um meine Achtlosigkeit gegenüber Jonathan wiedergutzumachen.

Das Beste, was ich mit meinen Fähigkeiten bewirken konnte, war, mein Vorhaben umzusetzen und die Geschichte vom Mann des Abgrunds aufzuschreiben. Vielleicht würde ich damit Menschen dazu inspirieren, an anderen Orten der Welt, die Selbstmörder für ihre Tat wählten, seinem Beispiel zu folgen.

Mit derartigen Gedanken beschäftigt, lief ich den Hang hinunter und geriet dabei ordentlich ins Schwitzen, denn mit den Stiefeln und Wanderstöcken kam ich zügig voran.

Am Grund der Schlucht angekommen, kalkulierte ich, dass der Weg mich höchstens hundert Meter weiter rechts von der Stelle unterhalb des Klippenabschnitts geführt hatte, an der die Urne in die Tiefe gestürzt war.

Jetzt blieb mir nichts anderes übrig, als den Wald, der sich hier unten bis an den Rand der Felswand erstreckte, Meter für Meter abzusuchen, im Zickzack hin und her zu laufen, um auch ja keinen Zentimeter auszulassen.

Wie befürchtet, hatten die Regengüsse das dicht bewachsene Gelände an vielen Stellen in einen Sumpf verwandelt, in dem meine Füße bei jedem Schritt versanken.

Es schien mir immer wahrscheinlicher, dass mein Bruder buchstäblich von der Erde verschluckt worden war. Dennoch setzte ich meine langsame, minutiöse Suche fort, bis ich einen dreißig Meter breiten Streifen durchkämmt hatte, ohne etwas zu finden.

Erschöpft legte ich mich unter einen Busch und schob mir den Rucksack als Kissen unter den Kopf.

Kaum hatte ich die Augen geschlossen, sprangen meine Gedanken in alle Richtungen, als würde ein verrückter Cutter Szenen aus meinem Leben zu einem chaotischen Film montieren.

Ich sah mich und meinen Bruder bei einem Familienfest, sah mich an meinem ersten Tag an der Universität, auf einem Surfbrett über die Wellen reitend, in meinem Büro, bei der Beerdigung meines Vaters. Ich dachte wieder an den Anruf, der mein Leben zerschmettert hatte …

Alles Weitere aber versank in einem Nebel, als wäre es zu

ungewiss, ja zu gespenstisch, um in meinen Träumen deutlichere Formen anzunehmen.

Auf einmal spürte ich einen Stich auf der Stirn, wo sich offenbar ein Insekt niedergelassen hatte. Ich war wohl eingenickt. Als ich die Augen öffnete, sah ich, dass das Tageslicht abgenommen hatte, während ich mich meinem Erinnerungswirrwarr überlassen hatte.

Ich rieb mir das Gesicht, und da fiel mein Blick auf etwas, das mich endgültig wach rüttelte: Kaum einen halben Meter über mir entdeckte ich ein kleines buntes Etwas.

Von einem Zweig schaute, winzig und wunderschön, eine Sorgenpuppe auf mich herab, die über meinen Halbschlaf gewacht hatte.

24.

TANZSCHRITTE FÜR ZWEI

Kaum hatte ich begriffen, dass Esmeralda wohl noch irgendwo in dieser Schlucht zeltete und höchstwahrscheinlich meine Suchaktion beobachtet hatte, fielen die ersten dicken Tropfen und kündigten den nächsten Regen an.

Da ich die Nacht nicht wieder in einer Höhle verbringen wollte, machte ich mich sofort auf den Rückweg.

Meine Hoffnung, die Urne wiederzufinden, war mittlerweile geschwunden, aber die Aussicht, die Nomadin, die über meine Träume wachte, wiederzusehen, verlieh mir neue Energie.

Da es dämmerte und erneut ein Unwetter drohte, war ich mir sicher, dass sie sich zumindest bis zum nächsten Tag in ihrem Zelt verkriechen würde. Und so nahm ich mir vor, gleich bei Tagesanbruch wieder in die Schlucht hinabzusteigen.

Von einer eigenartigen Kraft getrieben, erreichte ich gut gelaunt Kosei-Sans Hütte, obwohl ich den Berg in stürmischem Regen hinauf gestiegen war.

Ich ließ mein Regencape auf der Veranda und öffnete die Tür. Auf dem Tisch erwartete mich eine dampfende Schale mit Nudelsuppe, als hätte der Meister meine Ankunft auf die Minute genau vorhergesehen.

Als ich an seiner geschlossenen Zimmertür vorbeikam, die immer nur dann zu war, wenn der Meister sich zurückgezogen hatte, beschloss ich, seinem Beispiel zu folgen, und nahm die Suppe mit auf mein Zimmer.

Dort holte ich sogleich meinen Schatz unter der Matratze hervor. Und während ich auf den nächsten Morgen wartete, hatte ich nichts Besseres zu tun, als weiter im Tagebuch des jungen, für mich unbekannten Kosei-San zu lesen.

Portland, 13. März

Rob lacht nicht mehr, aber solange er die Tür öffnet, wenn er meine Schritte im Treppenhaus hört, ist alles gut. Oder einigermaßen gut.
Heute hat er mir wieder seine kleine Hand entgegengestreckt, um die Mautgebühr zu kassieren: eine Praline mit einer Kirsche drin.
»Die kommt aus dem Niemandsland und besitzt Zauberkraft«, habe ich ihm erklärt und gehofft, ihm ein Lächeln zu entlocken.
Einen Moment lang hat er sie sich neugierig angeschaut, dann hat er sie in die Tasche gesteckt und rasch die Tür wieder zugemacht, als wollte er nicht, dass ich sehe, was sich in seiner Höhle zusammenbraut.
Danach bin ich mit seltsamen Schuldgefühlen zur Arbeit gegangen.
Er war so traurig und ich so glücklich ...
Ja.
Glücklich.
Glück-lich.
Ich lese das Wort, das ich soeben geschrieben habe, noch einmal und lasse es mir auf der Zunge zergehen.
Florence.
Genüsslich koste ich ihren Namen aus, den Namen des Hafens, in dem ich angekommen bin. Ein kleiner, stiller, einladender Hafen.
Das ist sie.

Noch bevor ich sie zum ersten Mal sah, kannte ich schon ihre Schritte. Sie arbeitet genau über meinem Büro, und es hat ein paar Wochen gedauert, bis wir uns kennengelernt haben.

Vor zwei Wochen kam um elf Uhr morgens die Sonne ins Niemandsland. Ich befasste mich gerade mit einem absenderlosen Paket, als ich spürte, wie es im Raum hell wurde.

Ich hob den Blick von der mongolischen Briefmarke, die ich zu entziffern versuchte, und sah eine junge Frau, klein, dunkelhaarig.

Sie beobachtete mich schweigend und lächelte, einfach so.

Und das Beste war, dass ich nicht in Verlegenheit geraten bin. Etwas an ihr hat mir Vertrauen eingeflößt.

Sie trug eine zu große selbstgestrickte Wolljacke mit einem Namensschild auf Brusthöhe: FLORENCE.

Plötzlich schien ihr einzufallen, weshalb sie heruntergekommen war. Sie wurde rot und hielt mir ein Paket entgegen.

»Man hat mir gesagt, Sie wüssten, was man damit machen muss.« Ihre Stimme war weich wie Samt. Dann ging sie wieder.

Zwei Stunden später habe ich das Paket immer noch gestreichelt. Ich wollte den warmen Abdruck von Florence' Fingern spüren.

Portland, 19. März

»Wer wohnt alles im Niemandsland?«

Auf dem dunklen Treppenabsatz hat Robs Stimme mich überrascht. Heute hat er wieder auf mich gewartet. Er saß auf der Treppe, fast wäre ich über ihn gestolpert.

Ich war so froh, ihn nach so vielen Tagen endlich wiederzusehen, dass ich eine Abmahnung wegen verspäteten Arbeitsbeginns riskiert und mich zu ihm gesetzt habe. Er war immer noch im Schlafanzug und zitterte.

Ich habe mein Jackett ausgezogen und es ihm über die Schultern gehängt. Mein kleiner Mann wirkte verloren.
»Nur ich«, antwortete ich ihm.
Verwundert hat er mich aus Augen so groß wie Scheinwerfer angeschaut.
Da habe ich eine Apfelsine aus meinem Rucksack geholt, um sie mit ihm zu teilen. Seine Augen haben geglänzt, zwar nur schwach, aber immerhin.
Bevor er in das erste Apfelsinenstück gebissen hat, hat er noch gefragt:
»Und was machst du da so viele Stunden? Ist es nicht langweilig?«
»Es gibt viel zu tun«, habe ich geantwortet.
Er hat genickt, als wüsste er genau, wovon ich rede.
»Weißt du, wie viele Pakete, Briefe, Einschreiben und Telegramme die Leute in unser Land schicken?«
»Was ist denn ein Einschreiben? Und was ist ein Telegramm?«
Jetzt würde man definitiv ein Disziplinarverfahren gegen mich einleiten.
Ich war beinahe glücklich bei dem Gedanken an die rote Stelle in meiner Kartei.
Meine Arbeit kam mir noch nie so interessant vor wie heute Morgen, als ich sie dem kleinen Rob erklärt habe.
Ich bin Postbeamter. Aber nicht irgendeiner. Ich stehe nicht am Schalter, sondern ordne Sendungen aus aller Welt, die niemand abholt und von denen wir nicht wissen, an wen wir sie zurückschicken sollen. Das ist eine reine Formsache. Ich ordne sie, und nach einem Monat vernichte ich sie.
Aber ich muss gestehen, dass ich kein guter Beamter bin. Denn ich habe im Büro heimlich eine Kiste angelegt, die ich die Arche Noah nenne. Nur Rob weiß davon, ich habe ihm heute erzählt, was alles drin ist.

In der Kiste bewahre ich ein ausgestopftes Gürteltier auf, das aus Polynesien kam und nicht ausgeliefert werden konnte, weil es sich dabei um eine vom Aussterben bedrohte Tierart handelt. Außerdem liegt in der Kiste ein Brief an die Freiheitsstatue. Ein österreichisches Kind hat ihn geschrieben, aber vergessen, seinen Absender anzugeben. Dann noch eine Postkarte, die Anfang des zwanzigsten Jahrhunderts geschrieben wurde und unterwegs verloren gegangen ist. Weder der Absender noch der Empfänger leben heute noch …
Eines Tages müsste ich auch Florence von meiner Arche erzählen und sie zur Mitwisserin machen, sie und Rob. Niemand sonst darf das Geheimnis kennen.
Vielleicht erzähle ich ihr morgen davon, wenn sie herunterkommt, um mich zu besuchen.

Portland, 27. März

Es ist neun Uhr, und über mir höre ich Florence' Schritte. Musik habe ich jetzt hier unten im Niemandsland verboten. Weil es für mich keine schönere gibt als die von Florence' Schritten.
Ich habe ihr davon erzählt, und jetzt weiß ich, dass sie sich manchmal auch kleine Fußspielchen erlaubt, wenn sie an der Stelle vorbeiläuft, wo sie meinen Tisch vermutet. Mal tanzt sie, mal stampft sie auf wie eine Zigeunerin. Und manchmal, hat sie mir erzählt, schreibt sie mit der Fußspitze meinen Namen.
Das kann ich natürlich nicht hören. Aber ich glaube es ihr.
Als ich Musik verboten habe, gab es im Niemandsland einen kleinen Aufstand. Ich weiß, dass die Abholscheine für Pakete aus Afghanistan, Albanien, Angola, Aruba, Argentinien und Armenien, die alle in einem Fach liegen, mit ihren Nachbarn aus Belgien, Bulgarien, Belize, Bhutan und Barbados ein Treffen vereinbart haben.

Das ist wirklich unerhört! Jahrhundertelang haben sie kein Wort miteinander gewechselt, und jetzt ...
Die beiden mit Z am anderen Ende des großen Regals haben gebeten, mitmachen zu dürfen. Zypern und die Zentralafrikanische Republik wollten von dem Protest nicht ausgeschlossen werden.
Zum Glück gibt es aber immer auch Vernünftige. Die Einschreiben aus nicht existierenden Herkunftsländern haben mein Verbot entschieden unterstützt. Hcile, Burfaso, Kina, Ostpol, Länder, die wissen, dass Minderheiten von niemandem respektiert werden, haben tagelang gegen die Musik gewettert.
Das alles habe ich gestern Rob geschildert.
Ich habe ihm auch von Florence erzählt, von der Musik ihrer Füße, vom Aufstand im Niemandsland, von Florence' strahlendem Lächeln. Ich habe ihm von ihren Besuchen in den Pausen erzählt, und dass ihr Glanz für den Rest des Tages alles erleuchtet: die Papierberge, die dunklen Kisten mit verschollenen Telegrammen und die Wege der vielen vergessenen, geklauten, zurückgehaltenen, verlorenen und aufgegebenen Objekte.
Und dass ich mich jetzt nicht mehr so fühle wie diese Objekte.
Rob hat besser verstanden als meine Mutter, was Florence mir bedeutet.

Portland, 13. April

»Wie geht es der Königin vom Niemandsland?«, hat Rob mich gefragt.
Es war zehn nach sieben und ich war sehr spät dran. Ich hatte ein wichtiges Treffen mit dem Chef. Würde man mich befördern? Endlich? Seit über acht Jahren arbeite ich allein im Keller mit Sendungen, die niemand will ... Würde man mich jetzt auf Florence' Eta-

ge versetzen? Sogar in ihre Abteilung? Allein beim Gedanken daran geriet mein ganzer Körper unter Strom.
»Gut, gut ...«, habe ich hastig geantwortet.
Aber ich bin nicht bei Rob stehen geblieben.
Ich habe seinen traurigen Blick in meinem Rücken gespürt, und dass er sich diesmal nicht traute, die Mautgebühr von mir zu verlangen. Ich glaube, er hat mir irgendetwas wie »Viele Grüße von mir« hinterher gerufen.
Florence habe ich schon von Rob erzählt, und manchmal gibt sie mir kleine Botschaften für ihn mit, zum Beispiel Zuckerwürfel.
Ich bin also weitergerannt. Das war gestern, und zum Glück bin ich noch pünktlich zur Arbeit erschienen.
Man hat mir tatsächlich eine Beförderung angeboten. Ich saß in einem Büro im fünften Stock, wo die Sonne brennt und die Musikberieselung nicht von Schuhen herrührt.
»Es wurden Gelder für die Umgestaltung der Kellerräume bewilligt. Sie bekommen andere Aufgaben.«
Das hat mir nicht gefallen. Ich war besorgt um mein Gürteltier, um die Briefe ohne Absender, um die Einschreiben, die niemand abholt, die Telegramme, die keiner entgegennimmt. Mir wurde weh ums Herz.
Aber die Zukunft klopfte an meine Tür.
»Auf Ihrem neuen Posten werden sie ein höheres, ihrer neuen Verantwortung angemessenes Gehalt bekommen und ein ordentliches Büro ... Allerdings in Spokane. Uns ist bewusst, dass ...«
Auf einmal habe ich nur noch Leere verspürt.
Ich kann nicht in eine über vier Stunden entfernte Stadt ziehen und meine Mutter allein lassen. Ich kann auch meine jüngeren Geschwister nicht verlassen. Ich bin der Mann im Haus, der Beschützer der Familie. Seit mein Vater tot ist, hat man mir das tagtäglich eingeimpft. Und seitdem ist eine Menge passiert.

Und vor allem will ich Florence nicht aufgeben.
Sie ist die Frau meines Lebens.
Ich habe es ihr noch nicht erzählt. Bald werde ich es tun, aber vorher muss ich meine Mutter davon überzeugen, dass meine Zukunft eine Frau ist, eine US-Amerikanerin und Christin, sie ist das wahre Glück, das ich in diesem Leben suche.

25.
SCHLANGE UND STERNE

Ein paar Tage waren vergangen, seit ich zum letzten Mal in Kosei-Sans Tagebuch gelesen hatte, aber nach wie vor begleiteten mich die Menschen in seiner Geschichte.

Im Grunde waren diese in einem alten Heft flüchtig umrissenen Existenzen schon Teil meines eigenartigen Exils in der Hütte am Abgrund.

Ich machte mir Sorgen um Rob. Etwas stimmte nicht mit diesem Knirps, so viel stand fest. Gleichzeitig war ich neugierig darauf, wie sich Kosei-Sans reine, strahlende Liebe zu Florence – daran ließ das Tagebuch in meinen Augen keinen Zweifel – weiterentwickeln würde.

In der Stille und Einsamkeit des Gästezimmers wünschte ich mir ein Guckloch in die Vergangenheit, um sie beide im Niemandsland zwischen Schubladen und Papieren tanzen zu sehen.

Ich fragte mich, ob ich jemals fähig wäre, so zu lieben, oder ob diese Liebe nur aufrichtigen Menschen wie dem Postbeamten und Florence vergönnt war.

Während ich schlaflos dalag, tauchte auf einmal Esmeraldas Bild wie eine Erscheinung auf. Mit gespenstischer Klarheit sah ich sie im Wald vor mir und mich selbst mit geschlossenen Augen unter dem Busch liegen. Sie hatte die Sorgenpuppe in die Zweige gesetzt, die jetzt hier im dunklen Zimmer zusammen mit ihren Geschwistern meinen Schlaf bewachen sollte. Aber der ließ noch auf sich warten.

Warum schob sich diese Fremde immer wieder in meine Gedanken?

Oder war sie nie daraus verschwunden?

Ich dachte wieder an Esmeraldas Lächeln, das Licht war und zugleich ein Rätsel. Ich sah sie im Unwetter die verlassene Landstraße entlangwandern. Ohne mich um Erlaubnis zu bitten, hatte sich die Liebe in mein Auto geschlichen.

»Toni!«

Aus dem Wohnzimmer drang Kosei-Sans Stimme zu mir. Ich sprang aus dem Bett und zog mich eilig an. Ich schätzte, dass es schon nach Mitternacht war.

Noch reichlich benommen betrat ich den Raum und sah den alten Mann neben dem Kamin stehen. Sofort hatte ich das Bedürfnis, mit ihm über die Vergangenheit zu sprechen.

»Kosei-San, ich habe da eine Frage …«

»Auch wenn sie noch so wichtig ist, sie muss warten«, entgegnete er, ohne den Blick von einer dunklen Stelle im Kamin zu wenden. »Hier gibt es etwas Dringenderes ... Sei ganz leise und schrei nicht. Bring mir den Besen oder irgendeinen Stock, um …«

Der Meister brauchte seinen Satz gar nicht zu beenden. Jemandem, der in Kalifornien aufgewachsen ist, als Kind und Enkelkind der Wüste, ist dieses Geräusch seit jeher vertraut. Tausendmal hat man ihn darauf aufmerksam gemacht, da sein Leben davon abhing.

»Eine Klapperschlange!«

Rasch holte ich einen der Wanderstöcke, die ich im Einkaufszentrum erstanden hatte. Der alte Mann nahm den

Stock in die eine Hand, den Mülleimerdeckel als Schild in die andere und begann, die Schlange zu verscheuchen. Seine Bewegungen waren so schnell und präzise, als vollführe er einen rituellen Tanz zur Vertreibung des Bösen.

Nachdem der ungebetene Gast wieder fort war, gingen wir mit einem nächtlichen Tee hinaus auf die Veranda und schlossen die Tür hinter uns.

Der Nachthimmel war außergewöhnlich klar, die Sterne funkelten wie Augen ferner Universen. Ich sagte mir, dass dies eigentlich der richtige Moment wäre, um von Kosei-San mehr über den Kellerbeamten zu erfahren. Doch da ich mich schämte, in seinem Tagebuch gelesen zu haben, wand ich mich um die Frage, wie die Schlange, die wir soeben in die Felsenlandschaft zurückgeschickt hatten.

»Ich habe gesehen, wie geschickt Sie mit dem Biest umgegangen sind, Kosei-San. Haben Sie früher, bevor Sie in Rente gingen, in einem Zoo gearbeitet?«

Der Alte lachte laut auf.

»Oder in einem Geschäft für exotische Tiere ...« Belustigt schüttelte er den Kopf, also trieb ich mein Spielchen weiter. »Ich glaube, Sie können Gefahren gut meistern. Lassen Sie mich überlegen ... Waren Sie Lehrer an einer Schule in einem Armenviertel?«

Kosei-San, der das Spiel sichtlich genoss, schüttelte den Kopf.

»Du wirst es nie erraten«, sagte er schließlich.

»Warum?«

»Weil du nie an einem solchen Ort warst und sicher niemanden kennst, der einen Beruf wie ich hatte.«

Langsam ließ Kosei-San seinen Blick über den Sternenhimmel wandern, als könnte er dort die verschlüsselte Botschaft eines unsichtbaren Gottes lesen. Er schien es zu genießen wie jemand, der zum ersten Mal das nächtliche Firmament betrachtet.

Mit einer Stimme, die von einem anderen Ort, ja sogar von einem anderen Menschen zu kommen schien, sagte er:

»Ich habe vierzig Jahre im Niemandsland gearbeitet.«

26.
EIN VERWÜSTETES REICH

Portland, 3. Mai

Ein unsichtbarer Faden hält alles unter Spannung. Das spüre ich.
Aber ich weiß nicht, was ich tun soll.
Mein Chef hat meine Entscheidung respektiert, obwohl er sie nicht versteht. Ich darf hier unten bleiben, bis die Umbauten beginnen.
Das Gerücht hat im Büro die Runde gemacht. Der verrückte Kosei will lieber im Keller hocken, als in ein schönes helles Büro umzuziehen. Er will weiter in seiner nutzlosen Sortier- und Vernichtungsabteilung arbeiten und nicht aufsteigen.
Auch sie verstehen es nicht.
Aber Florence und Rob verstehen es, und das genügt mir.
Ich habe ihnen erklärt, dass die Arbeit, die man mir anbietet, für mich genauso langweilig und fade wäre. Ich wollte mein Leben nie zwischen Papierbergen verbringen. Allein der verhängnisvolle Tod meines Vaters hat dazu geführt.
Florence' Lächeln bringt Licht in meinen grauen Arbeitsalltag. Wenn ich mich von diesem Lächeln entferne, verliert alles seinen Sinn.
In diesen Tagen denke ich oft an meinen Vater. Hätte er meine Beziehung wirklich nicht akzeptiert? Das sagt meine Mutter jedes Mal, wenn ich ihr Florence vorstellen möchte. Bisher hat sie es immer ab-

gelehnt, dass ich meine Freundin nach Hause bringe.
Die Tränen meiner Mutter, die vorwurfsvollen Blicke meiner Schwester, die Seufzer meiner Onkel und Tanten verletzen mich.
Was soll ich tun?

Portland, 11. Mai

»Rob, morgen gehe ich mit Florence zum Strand«, habe ich heute Morgen zu Rob gesagt.
»Habt ihr im Niemandsland einen Strand?«, hat er mich überrascht gefragt.
Ich musste lachen.
»Es wäre toll, wenn du mitkommen könntest«, habe ich ihm vorgeschlagen.
Rob geht nie irgendwohin, wo es etwas Besonderes gibt. Ich glaube, er hat sogar aufgehört, zur Schule zu gehen.
»Ist die Königin deine Freundin?«
»Ja, sie ist meine Freundin.«
Als ich auf dem Treppenabsatz stand und diese Worte aussprach, während es draußen dämmerte, hatte ich das Gefühl, mein ganzes Leben erstrahlt in Glück.
Ich hatte fast vergessen, was Glück ist.
Beim letzten Mal war ich fünfzehn. Es war Sonntag, und mein bunter Drachen flog höher als der meines Vaters.
»Jetzt bist du ein Mann«, *hatte er gesagt und Beifall geklatscht.* »Und du wirst weiter kommen als dein Vater, das weiß ich.«
Ich war glücklich, seinetwegen, meinetwegen und wegen des Drachens. Ich habe die Schnur losgelassen und dem Drachen die Freiheit geschenkt.

Portland, 21. Mai

Bei Rob zu Hause läuft etwas schief. Schon seit einer Weile sitzt er morgens nicht mehr im Treppenhaus.
Ich habe schon mehrmals und zu unterschiedlichen Tageszeiten länger an seine Tür geklopft. Und meine Mutter habe ich gebeten, obwohl es ihr unangenehm ist, darauf zu achten, ob er aus der Wohnung kommt, während ich bei der Arbeit bin. Aber nichts ist passiert.
Manchmal hört man Stimmen, und zweimal ist die Sozialarbeiterin vorbeigekommen, aber sie wollte uns keine Auskunft geben.
Bei Rob zu Hause läuft etwas schief, genau wie bei mir zu Hause.
Da ich es leid war, immer wieder von meiner Mutter vertröstet zu werden, bin ich neulich überraschend mit Florence aufgetaucht. Ich wollte, dass meine Familie sieht, wie bezaubernd sie ist mit ihrer kupferfarbenen Haut und ihren munteren Augen. Ich wollte, dass meine Familie sieht, was für ein wunderbarer Mensch sie ist.
Für den Überraschungsbesuch hat Florence nach einem passenden Kleid gesucht. »Ist das nicht zu gewagt, Kosei?«, hat sie mich gefragt und sich stundenlang die Haare gekämmt. In einer Konditorei hatte sie Törtchen mit Anis und Schokolade gekauft.
Trotzdem war meine Mutter nicht bereit, sie zu empfangen.
Im Esszimmer saßen nur Florence, meine vier kleinen Geschwister und ich. Meine Mutter hat sich zwei Stunden lang mit meiner ältesten Schwester in ihrem Zimmer eingeschlossen.
Sie ist nur herausgekommen, um mir zu sagen, was sie seit Tagen ständig wiederholt:
»Wenn dein armer Vater ...«

Portland, 24. Mai

Florence versucht, dieses unangenehme Treffen vor ein paar Tagen nicht so ernst zu nehmen. »Nur unsere Liebe zählt«, sagt sie. »Wenn sie sehen, dass wir uns lieben, werden sie ihre Meinung ändern und unsere Beziehung akzeptieren.«
Ich habe ihre Hände in meine genommen, ich wollte glauben, dass es so sein wird.
Als ich gestern nach Hause kam, herrschte feierliche Stille. Zu meiner Überraschung war der Tisch wie zu besonderen Gelegenheiten gedeckt: Tischtuch, feines Geschirr, Kerzen und gutes Essen. Auf dem Fernsehschrank die Fotos all unserer Ahnen. Eine alte Postkarte vom Dorf meiner Großeltern. Brennende Kerzen.
Akura-San, der älteste Mann der japanischen Kolonie von Portland, war zu Gast. Er ist damals als einer der Ersten in die Staaten gekommen, genau wie mein Vater. Er saß am Kopfende des Tisches, an dem wir schweigend zu Abend aßen.
Alle hatten die Köpfe gesenkt, und ich spürte den Blick meines Vaters in meinem Nacken.
Gesprochen hat nur Akura-San … von den unheilvollen Zeiten, als Japan Hunger litt. Von den jungen Männern, die sich in der Hoffnung auf eine bessere Zukunft nach Amerika einschifften. Die hier ankamen, an diesem fernen Ort, wo alles anders war. Doch die Weißen mochten sie nicht. So war es nun mal. Sie mochten sie nicht. Einige schufteten fast so schwer wie die Sklaven auf den Plantagen von Hawaii. Andere rackerten sich beim Bau der Bahnlinien ab. Alles haben sie ertragen, die ungerechten Gesetze, die erniedrigende Behandlung, aber die Weißen legten ihnen unaufhörlich Steine in den Weg.
Und die, die es nicht taten, schauten weg, zuckten mit den Schultern, flüsterten …

Dann hat der Patriarch sich an mich gewandt und seine kleinen strengen Augen fest auf mich gerichtet.
Zu welcher Gruppe Florence' Familie gehöre, wollte er wissen. Würde diese Familie akzeptieren, dass ihre hübsche Tochter den Nachfahren eines japanischen Immigranten heiratet? Falls ja, würde ich immer nur ihr Diener sein, jemand, dem man nicht vertrauen kann.
Die Japaner, auch die, die hier geboren sind, wurden im Zweiten Weltkrieg zur Zielscheibe des Zorns der Soldaten und ihrer Familien. Die Regierung hat sie verdächtigt und in Arbeitslager gesteckt. Dort hungerten sie, litten an Kälte und Krankheiten. Mein Vater hat in einer dieser Baracken gewohnt. Auch sein Bruder, der dort gestorben ist.
Sie waren gute Staatsbürger ... aber sie wurden misshandelt, und man kehrte ihnen den Rücken ... Nur die japanische Gemeinschaft kümmerte sich um sie, um diese elternlosen Kinder. Wir allein sorgen füreinander und beschützen einander.
Akura-Sans Worte haben mich innerlich zerrissen, mich geblendet wie grelles Licht.
Ich kann nicht länger die Augen verschließen.
Ich bin ein Teil dieses Wir, dieses Bandes der Solidarität, das zugleich hilft und erstickt. Ich darf meine Familie nicht geringschätzen. Ich darf mich nicht gegen meine Gemeinschaft stellen. Dadurch würde ich unseren Namen beschmutzen und das Ansehen meines Vaters beleidigen.
Beim Gedanken an ihn kommen mir die Tränen.
Vielleicht hat meine Mutter ja doch recht.
Mein Vater hat stets der Gemeinschaft gedient. Er hat nie vergessen, was die anderen für ihn getan haben, wie sie ihn aus dem Dreck gezogen haben. Und er hat geschworen, dass seine Kinder und Kindeskinder sich stets daran erinnern würden. Will ich meinen Vater

wirklich als Lügner dastehen lassen? Wäre ich fähig, sein Versprechen zu brechen?
Es ist meine Pflicht, für meine Familie zu sorgen und, wenn es soweit ist, ein gutes Mädchen aus unserer Gemeinschaft zu heiraten.
Florence, Florence, Florence ...
Ich sterbe innerlich, wenn sie sich in meine Arme schmiegt, wenn sie lacht, ihren Kopf an meine Schulter legt, mein Haar zerzaust, meine Grübchen küsst ... die Grübchen eines Verräters.
Florence, Florence ...

Portland, 3. Juni

Der Tag, der eigentlich der schönste meines Lebens sein sollte, ist in Wirklichkeit der traurigste.
Hier sitze ich, im Niemandsland. Ich hätte schon längst gehen sollen, aber ich schaffe es nicht, mich der Welt draußen zu stellen.
Ich bin nicht mehr derselbe Mensch wie heute Morgen oder gestern.
Ich bin Kosei-San, der Sohn Kyotos, der Älteste von sechs Geschwistern, der Postbeamte, der Freund von Florence. Ja, das bin ich immer noch, so wie gestern.
Ich bin Vater. Anders als gestern.
Heute Morgen kam Florence die Treppe heruntergelaufen, immer zwei Stufen überspringend. Als ich sie sah, war ich überglücklich. Sie hat mich umarmt, ohne etwas zu sagen. Dann hat sie sich auf die Zehenspitzen gestellt und mir ins Ohr geflüstert: Jetzt sind wir zu dritt im Niemandsland.
Ich habe sie ganz fest umarmt. Sie dachte, es wäre aus Liebe.
Ich weiß, dass es aus Angst war. Gleich einem tollwütigen Tier habe ich gespürt, wie etwas sich in meinen Eingeweiden festgebissen hat, wie es an meinen Knochen nagt und versucht, mir die Haut zu zer-

fetzen, um hinaus zu gelangen. Nur die Wärme von Florence' Körper hat mich geschützt ...
Ich bin Vater.
Ich bin Sohn.
Und ich weiß nicht, was stärker auf meiner Seele lastet. Ich lege beides auf die Waagschale und ...

Portland, 7. Juni

An Tränen kann man ersticken und sterben, aber dieses Glück hatte ich nicht. Und verdiene es auch nicht.
Ich lebe noch immer, zur Strafe, damit ich weine bis in alle Ewigkeit. Ich bin dazu verdammt, ein Leben lang zu leiden, das weiß ich jetzt, denn ohne Florence wird mein Leben nur ein bodenloser Abgrund sein.
Ich habe ihr gesagt, dass ich sie nicht heiraten kann, aber ihr mit dem Baby helfen werde, und falls sie abtreiben wolle ...
Eine Ohrfeige hat mich gezwungen, den Rest herunterzuschlucken. Da habe ich gesagt, wenn sie es bekommen wolle, würde ich ihr Geld geben und ...
Eine zweite Ohrfeige hat mich zum Schweigen gebracht.
Danach ist sie mit tränenüberströmtem Gesicht gegangen.
Tiefste Dunkelheit hat sich über das Niemandsland gelegt. Kälte, Hunger, Pest, die sieben Reiter der Apokalypse, die blutrünstigen Wikinger, Attila und seine barbarischen Hunnen ... Ich habe gespürt, wie sie unser Reich der Tänze, der lächelnden Blicke, der Strände und Küsse verwüsteten. Sie haben alles dem Erdboden gleichgemacht, alles mitgenommen.
Vollkommene Finsternis und der betäubende Lärm einer einstürzenden Welt haben das Niemandsland heimgesucht, das Reich eines Feiglings, das keine Königin mehr hat.

27.
DER ZELTPLATZ

In allem, was wir erleben, steckt eine Lehre, eine Botschaft oder ein Zeichen, hatte der Meister zu mir gesagt. Jede Entdeckung ist zugleich eine Piste, die es zu verfolgen gilt.

Als ich den schmalen Pfad in die Schlucht hinunterlief, wusste ich noch nicht, welche Folgen das, was ich soeben im Tagebuch des Meisters gelesen hatte, nach sich ziehen würde. Für mich aber stand fest: Ich würde kein Feigling sein.

Nicht diesmal.

Seit ich in Kosei-Sans Hütte wohnte, hatte ich gelernt, dass es keinen besseren Moment gibt als den, den wir gerade erleben. Wir wissen nie, ob es noch einen weiteren geben wird.

Diese Gedanken gingen mir durch den Kopf, während ich bergab lief und mir dabei am Gestrüpp die Knöchel wund rieb. Ich erinnerte mich vage an die Stelle im Wald, wo ich nach meiner erfolglosen Urnensuche einen Mittagsschlaf gehalten hatte.

Ohne allzu große Hoffnung beschloss ich, von dort aus weiter bis ans Ende der zwischen den beiden unterschiedlichen Berghängen eingeschlossenen Schlucht zu laufen. Wahrscheinlich hatte Esmeralda diesen Ort, an dem einem außer Selbstmördern noch am ehesten Klapperschlangen Gesellschaft leisteten, bereits verlassen.

Eine halbe Stunde später durchkämmte ich erneut, ohne dass ich es mir vorgenommen hätte, im Zickzack von der Mitte der Schlucht aus die Vegetation.

Esmeralda gab ich auf, hoffte aber immer noch, die Urne meines Bruders zu finden. Fast der ganze Vormittag verging damit, dass ich jeden Handbreit Erdboden unter die Lupe nahm, bis ich auf einmal über etwas stolperte und hinfiel.

Ich fluchte über die vermeintliche Wurzel, aber als ich aufschaute, begriff ich, dass das Hindernis eine gespannte Schnur war. Sie führte zu einem Zelt, das in einer kleinen von Kiefern umgebenen Lichtung stand. Ganz in der Nähe entdeckte ich eine Feuerstelle und ein paar herumliegende Töpfe.

Kein Zweifel, ich war buchstäblich über Esmeraldas Zeltplatz gestolpert.

An einem Ast oberhalb des kleinen Zelts flatterte ein Taschentuch wie eine weiße Fahne. Ein Friedenszeichen der Reisenden? Ein Waffenstillstandsangebot?

Wie auch immer, falls sie im Zelt war, wollte ich sie nicht dadurch erschrecken, dass ich ihren Namen rief. Und natürlich wollte ich auch nicht den Reißverschluss aufziehen und meinen Kopf hineinstecken.

Mit dem Gefühl, alle Zeit der Welt zu haben – noch wenige Wochen zuvor etwas Undenkbares -, setzte ich mich etwa einen Meter vom Zelteingang entfernt auf einen großen Felsbrocken und wartete.

Ich schloss die Augen und atmete in vollen Zügen den frischen, harzigen Kiefernduft ein. Dabei lauschte ich den vielen Geräuschen des Waldes. Sie machten mir keine Angst, sondern vermittelten mir ein Gefühl von Geborgenheit und versetzten mich zugleich in einen Zustand höchster Aufmerksamkeit.

Mir war, als würde die Luft nach Esmeralda duften.

Das musste eine Einbildung sein. Mit geschlossenen Augen atmete ich weiter die Waldluft ein, bis eine plötzliche Lichtveränderung mich veranlasste, sie einen Spalt zu öffnen, sodass ein dünner Faden Helligkeit eindrang.

Und da sah ich sie. Im offenen Zelteingang saß Esmeralda und lächelte.

Ich betrachtete sie, ohne mich von der Stelle zu rühren, und hatte dabei das eigenartige Gefühl, das Leben in diesem Universum bekäme wieder einen Sinn.

28.

WAS DU WILLST UND WAS DU BRAUCHST

»Ich habe dich erwartet«, sagte sie mit einer etwas heiseren, jugendlich klingenden Stimme.

»Unmöglich. Ich wusste ja selbst nicht, dass ich hierher kommen würde!«

»Was nicht bedeutet, dass *ich* es nicht wusste«, entgegnete sie augenzwinkernd. »Ich habe ein bisschen was von einer Hexe.«

»Ich weiß gar nicht so genau, warum ich hier bin«, log ich verlegen. »Naja, vielleicht doch. Ich muss die Urne meines Bruders finden. Sie muss irgendwo in dieser Ecke gelandet sein. Doch langsam zweifle ich daran, dass ich sie jemals finden werde. Ich glaube, der Erdboden hat sie verschluckt.«

»Vielleicht ist es ja gar nicht das, was du eigentlich suchst«, sagte sie und strich sich den geblümten Stoff ihres Kleides glatt. »Vor ein paar Jahren war ich mal in einem Wochenendworkshop für Drehbuchautoren. Er wurde von jemandem organisiert, der bei einem großen Hollywood-Studio gearbeitet hatte, und der sagte unter anderem, dass in jeder Geschichte ein Kampf stattfindet zwischen dem, was die Figur will, und dem, was sie eigentlich braucht.«

»Was willst du damit sagen?«

»Du glaubst vielleicht, es sei wichtig, dass du die Urne findest, aber deinem Bruder im Jenseits ist es wahrscheinlich egal. Du brauchst eigentlich etwas anderes.«

»Offenbar weißt du mehr über mich als ich selbst«, sagte ich leicht genervt. »Und was brauche ich?«

»Frag den Wald«, sagte sie, und als sie meine Verwirrung bemerkte, fügte sie hinzu: »Leg dich auf den Boden und wünsch dir was. Vielleicht hast du es noch nicht bemerkt, aber dies hier ist ein magischer Ort.«

Für mich klang das eindeutig nach Spinnerei, aber ich wollte ihr nicht widersprechen. Also legte ich mich auf den mit Kiefernnadeln bedeckten Boden und schloss die Augen.

Eine Sekunde, nachdem ich meinen Wunsch formuliert hatte, spürte ich eine süße Last auf mir.

Ungläubig öffnete ich die Augen. Eine von Esmeraldas schwarzen Haarsträhnen glitt über mein Gesicht. Das restliche Haar fiel ihr in den Ausschnitt. Das enge Oberteil ihres Kleides bewegte sich bei jedem Atemzug, und ihre Brust wirkte wie eine Einladung, mich fallen zu lassen.

»Ist es das, was ich brauche?«, fragte ich und bemühte mich, meine Erregung zu verbergen. »Dich?«

Esmeralda antwortete nur mit einem verschmitzten Lächeln.

Ich legte meine Arme um sie und zog ihr Gesicht zu mir herab. Und ohne ein weiteres Wort küsste ich sie.

Für einen kurzen Moment spürte ich, wie ihre Lippen mir neue Lebenskraft verliehen, dann zog sie sich zurück. Sie schien überrascht, dabei hatte ja nicht ich die Initiative zur Erfüllung meines Wunsches ergriffen.

Ohne den Blick von mir abzuwenden, knotete sie ihr Haar zusammen, nur eine einzelne Strähne blieb lose.

Sie setzte sich neben mich und zog langsam ihre Beine an den Körper. Und beobachtete mich seelenruhig weiter. Irgendetwas schien sie abzuwägen.

Mein ganzer Körper spannte sich an, als ich sah, wie sie auf einmal auf allen Vieren und breitbeinig über mich kroch und sich vor meinem Gesicht auf meine Brust setzte.

In ihren Augen lag ein wilder Glanz.

Ich glaubte, eine ursprüngliche Kraft darin zu erkennen, eine Mischung aus Verlangen, Stolz, vielleicht sogar Liebe? Als sie mein Gesicht berührte, begannen meine Gedanken zu verschwimmen.

Sie fing an, mich überall sanft zu küssen, und ich spürte, wie meine Kräfte mich verließen.

Als sie merkte, dass ich mich fallen ließ, wurden ihre Küsse leidenschaftlicher, bis sie wieder auf meine Lippen trafen. Diesmal öffnete ich sie und erwartete ihre Zunge.

Endlich verschmolzen wir in einem innigen Kuss, bei dem die Welt aufhörte sich zu drehen.

Ohne dass unsere Münder sich trennten, umarmte ich sie und spürte ihre festen Brüste an meiner Brust, ihr Herz, das an meinem schlug. Und die Zeit verwandelte sich in Wind, der die Zweige des Waldes wiegte und den Bäumen ihre Wünsche entriss.

29.
DIE IRRWEGE DER LIEBE

»Vielleicht sollten wir uns ein bisschen näher kennenlernen«, flüsterte ich, während ich leicht von ihr abrückte. »Was, wenn ich gar nicht so bin, wie du glaubst?«

Esmeralda grinste, sagte aber nichts.

Nach einigen Sekunden Schweigen spürte ich, wie sich in mir etwas löste. Als hätte man mich von einem schweren Stein befreit, der meine Gefühle aufgestaut hatte, die nun plötzlich zu fließen begannen. Bald würden auch die Worte in dieses kleine Stück Welt strömen.

Ich erzählte Esmeralda von Jonathan, von seinem ungewöhnlichen, erschütternden Tod, von unserer letzten gemeinsamen Reise über jene kalifornische Landstraße – er in einer inzwischen verschwundenen Urne, ich am Steuer –, und davon, wie ich erneut ihm gegenüber versagt und ihn verloren hatte. Ich erzählte ihr auch von meinen Tagen in der Hütte des Mannes vom Abgrund, von meiner Suche nach der Asche.

Letzteres schien sie aufhorchen zu lassen, vielleicht weil die Sache so ungewöhnlich war.

»Ich würde alles tun, um sie wiederzufinden«, beteuerte ich. »Ich soll die Asche ja ungefähr sechzig Meilen von hier an einem Ort verstreuen, den er selbst gewählt hat, auch wenn du vielleicht glaubst, das sei Unsinn ...«

»Nein, das glaube ich nicht, Toni. Aber wie konnte die Urne von da oben herunterfallen?«

»Das kann ich mir auch nicht erklären. Fast kommt es mir so vor, als hätte sich mein Bruder einen posthumen Scherz erlaubt, als wollte er mich nicht zur Ruhe kommen lassen.«

»Das würde dein Bruder niemals tun«, sagte sie, und ihre Stimme klang plötzlich zärtlich. »Er hat dich geliebt. Und wenn er wüsste, dass du jetzt leidest, wäre ihm das nicht recht.«

Verwirrt sah ich sie an.

»Warum glaubst du denn, dass er mich geliebt hat?«

»Es ist unmöglich, jemanden wie dich nicht zu lieben.«

Wäre ich nicht so aufgewühlt gewesen, hätte ich sie sofort umarmt, mit Küssen bedeckt und mit ihr geschlafen. Doch dafür fühlte ich mich viel zu hilflos und verletzlich.

Esmeralda schien es zu bemerken, denn sie legte mir eine Hand auf die Schulter und sagte:

»Ich kann deinen Schmerz verstehen, Toni. Ich habe auch viel geweint. Um meine Mutter, als sie starb, um den Vater, den ich nie kennengelernt habe, oder wegen Liebeskummer, über den ich jetzt, Jahre später, lachen muss.«

Sie wandte den Blick ab, Richtung Zelteingang.

Als sie bemerkte, dass ich sie ansah, schaute sie wieder zu mir.

»Du hast Liebeskummer gehabt?«, fragte ich ungläubig.

Ihre Stimme verfinsterte sich.

»Natürlich. Ich hatte nur wenige, aber ziemlich lange Beziehungen, und alle sind schlecht ausgegangen. Was ja wohl offensichtlich ist.«

»Ich wüsste nicht, warum.«

»Wenn es gut gelaufen wäre, säße ich jetzt zu Hause und würde mich um meine Kinder kümmern und nicht wie eine Wilde in einem einsamen Wald zelten.«

Sie schwieg, und ich respektierte ihr Schweigen. Nun war sie es, die wie ein begossener Pudel wirkte. Eine traurige, bedrückende Stimmung machte sich breit. »Ich war mal verheiratet«, sagte ich, um den bösen Zauber zu brechen, der sich in diesem Stückchen Paradies eingenistet hatte. Ich schloss die Augen und holte jenes Ich aus einer Vergangenheit zurück, die mir wie die eines anderen Menschen erschien.

»Mit einer Kollegin aus der Redaktion. Am Anfang lief es gut, aber irgendwann haben wir den Beziehungsfaden verloren. Mein Bruder hat mir dafür die Schuld gegeben. Ich bereue wirklich, dass ich mich damals so verlaufen habe.«

»Wie meinst du das?«

»Ich kann es nur schwer erklären. Es ist, als würde man sich im Wald verirren. Irgendwo hat man einen falschen Weg eingeschlagen, aber selbst wenn man kehrtmacht, findet man die Stelle nicht wieder, an der man falsch abgebogen ist. An einem bestimmten Punkt sehen alle Wege gleich aus.«

Esmeralda nickte zustimmend, als hätte sie selbst Ähnliches erlebt.

Mit um die Knie geschlungenen Armen stellte sie mir Fragen zu dieser Ehe, die immer mehr den Bach hinuntergegangen war, je besser mein Geschäft lief, das meine ganze Zeit beanspruchte.

Fast in die Steinzeit zurückkehrend, erzählte ich ihr von den ersten Mädchen, mit denen ich gegangen war.

»Einige haben mich verlassen, andere habe ich verlassen, im Zuge der Veränderungen in meinem Leben und meiner Arbeit. Bis Samantha kam. Sie schien die Richtige zu sein, aber wie gesagt, irgendwann lief es immer schlechter. Ich bin wohl nicht für die Liebe gemacht.«

Esmeralda zog ihre rechte Augenbraue hoch.

Allmählich reichte es mir, von anderen Frauen zu reden und von einem Mann, mit dem ich mich nicht mehr identifizierte, deshalb zog ich Esmeralda sanft zu mir.

Es dämmerte bereits, als ich begann, ihre Hände, ihre Arme und ihren Hals zu küssen. Gleichzeitig bewegte sich meine rechte Hand von ihren Hüften hinauf zu einer ihrer Brüste, die, als meine Hand sie umfasste, fester wurde.

Erregt küsste ich sie und begann, ihr Kleid aufzuknöpfen. Doch sie hielt mich zurück und nahm sanft meine Hände in ihre.

»Hey … Wenn du alle Äpfel auf einmal isst, verdirbst du dir den Magen und willst danach keine mehr. Außerdem ist es schon spät, und der Meister erwartet dich, oder?«

»Du hast recht. Würdest du ihn gern mal kennenlernen?«, fragte ich sie außer Atem und etwas beschämt, weil ich mich so hatte gehen lassen.

Wie schon zuvor, verwirrte mich auch diesmal Esmeraldas Antwort.

»Noch nicht.«

30.

LETZTE SPUREN

In der Dunkelheit meines Zimmers tauchte immer wieder Esmeralda vor mir auf. Ich stellte sie mir im Schlafsack in ihrem kleinen, vom Wind geschaukelten Zelt vor und hatte das unwiderstehliche Bedürfnis, zu ihr zu laufen.

Wir hatten uns nicht fest für den nächsten Vormittag verabredet, und die Nacht kam mir endlos vor wie eine riesige Wüste.

Da ich wusste, dass ich bis zum frühen Morgen kein Auge zudrücken würde, griff ich nach Kosei-Sans Tagebuch wie ein Ertrinkender nach dem Rettungsring, doch der Inhalt der folgenden Seiten war nicht gerade geeignet, mich aufzumuntern.

Portland, 23. Juni

Florence ist gegangen. Sie hat mir nicht einmal Auf Wiedersehen gesagt.
Heute Morgen kam ein rothaariger Junge, ein Praktikant, zu mir herunter, und hat mir eine halb zerrissene Briefsendung ohne Absender überreicht.
»Ich bin neu auf dem Posten«, hat er sich entschuldigt, »und man hat mir gesagt, dass Sie vielleicht …«
»Du …? Ist Florence …?«

Ich konnte den Satz nicht zu Ende sprechen. Eine schreckliche Gewissheit hatte sich in meiner Kehle festgesetzt.
Ich habe ihm das Schreiben aus den Händen gerissen und mich umgedreht. Tränen liefen mir über die Wangen.
Florence ist gegangen. Sie hat mir nicht Auf Wiedersehen gesagt.
Alles andere ist nicht mehr wichtig.

Portland, 8. Juli

Ich irre durch die finsteren Tunnel meines Schmerzes.
Deshalb denke ich nicht, fühle ich nicht, spreche ich nicht.
Deshalb kann ich nicht weiterschreiben.

Portland, 11. September

Heute hat man mich aus der Dunkelheit gerissen. Herausgestoßen aus meinem Schmerz.
Es war am Nachmittag, ich hatte mich hingelegt. Da kam meine Mutter schreiend in mein Zimmer gerannt und hat mich aus dem Bett gezerrt.
Sie wollte unbedingt, dass ich ihr folge, und hat ganz aufgeregt auf mich eingeredet. Sie hat gesagt, sie sei vom Markt zurückgekommen, und weil der Fahrstuhl nicht funktionierte, habe sie die Treppen nehmen müssen. Und da habe sie in der zweiten Wohnung im zweiten Stock ...
Mehr brauchte sie nicht zu sagen.
Ich bin mit Riesenschritten die Treppe hinuntergerannt.
Auf dem Treppenabsatz standen schon mehrere Nachbarn. Keiner hat ein Wort gesagt, keiner hat sich gerührt, sie waren vor Entset-

zen erstarrt. Keiner hat sich getraut, in die Wohnung zu gehen, obwohl die Tür offen stand.
Ich habe sie alle beiseitegeschoben.
Drinnen empfing mich der schmale Rücken meines Freundes Rob. Still stand er da und schaute hoch auf ein Paar Füße, die in der Luft baumelten.
Unfähig, ein Wort zu sagen, habe ich meinen Arm um seine Schulter gelegt, und er ist zusammengezuckt.
Zu zweit haben wir auf die hängenden Füße gestarrt. Der rechte Fuß steckte noch in einem Schuh. Der linke nicht. Aus einem Loch im Strumpf schaute der dicke Zeh hervor.
Dann habe auch ich stumm geweint, und dabei musste ich ununterbrochen auf das Loch im Strumpf von Robs Mutter schauen, die an der Wohnzimmerlampe hing.

Portland, 13. September

Heute habe ich wieder an etwas anderes gedacht als an Florence, unser Kind und meinen Schmerz. Und meine Feigheit.
Als Erstes dachte ich: Wie viele Tage vor dieser Tragödie habe ich nicht mehr mit Rob gesprochen?
Ich konnte mich nicht erinnern.
Heute bin ich in die zweite Wohnung im zweiten Stock gegangen und habe mein Ohr an die Tür gehalten. Alles still.

Portland, 14. September

Meine Mutter hat gesagt: »Sie sind da«, und ich bin nach unten gerannt.

Rob trug einen Rucksack und zog einen Rollkoffer, der größer war als er selbst. Die Sozialarbeiterin hat sehr liebevoll auf ihn eingeredet, aber er hat sie nicht angeschaut.
Mein kleiner Freund kennt seinen Vater nicht. Die Sozialarbeiterin auch nicht.
Ich habe ihn beim Namen gerufen, und als er meine Stimme hörte, hat er aufgeschaut und verkrampft gelächelt. Ich habe ihm eine Praline gegeben und »Maut« gesagt, und dazu einen kleinen Brief. Darin steht, dass ich ihn, wenn er größer ist, im Niemandsland erwarte. Er solle vorbeikommen und meine Schatzkiste mitnehmen, die sei für ihn.
Als ich die Haustür zufallen hörte, hat mich ein Gefühl der Trostlosigkeit übermannt.
Meine Großmutter hat immer gesagt: »Hilfe, die zu spät kommt, ist keine Hilfe.«

Portland, 7. Oktober

Heute habe ich erfahren, dass mein Keller doch nicht umgebaut wird. Der Chef hat sich mit dem Haushaltsbudget verkalkuliert.
Eine Sekunde lang habe ich mich gefreut. Vielleicht kommt Florence ja eines Tages vorbei und stellt mir ihr Kind vor. Wenn ich dann weg wäre, wüsste sie nicht, wo sie mich suchen soll.
Und irgendwann ist Rob größer und wird vorbeikommen, um seinen Schatz abzuholen. Ich lege weiterhin dies und das in die Arche. Diese Woche kamen mehrere Briefe ohne Absender an Cary Grant und ein Paket mit Keksen für Yogi Bär.
Heute habe ich beim Sichten der wöchentlichen Sendungen zwischen Tischbein und Wand die Ecke eines Briefumschlags entdeckt. Wann mochte er dorthin gerutscht sein? Ich musste das Möbelstück weg-

rücken, um an den Umschlag zu kommen. Der Tisch war so schwer, dass ich ihn erst einmal frei räumen und die Aktenordner, Hefte und Stifte auf den Boden legen musste. Das hat eine Weile gedauert! Aber die Mühe hat sich gelohnt. So etwas habe ich noch nie gesehen! Was immer es sein mag, es ist unglaublich schön. Aber auch verwirrend. Deshalb habe ich das Heft noch einmal aufgeschlagen, um aufzuschreiben, dass ich heute einen Pergamentbogen mit sehr alt aussehenden Zeichnungen in die Arche Noah aufgenommen habe. Die Farbflächen haben Risse, und an den Ecken ist das Pergamentpapier abgestoßen. Könnte ich doch Rob davon erzählen, könnte ich es doch Florence zeigen ...

Portland, 8. Oktober

Ich habe mir den Pergamentbogen genauer angeschaut. Ist das Buddha? Wie ist er in meinen Keller gelangt? Eine Figur hat neun Köpfe und die zweite Dutzende kleiner Arme! Unten rechts erkennt man ein paar seltsame Symbole, deren Bedeutung ich nicht verstehe. Ich werde mir eine Lupe besorgen.

Portland, 13. Oktober

In diesen Tagen herrscht Unruhe im Niemandsland.
Es ist eine Zeit der Veränderung: Mit Florence ist auch die Sonne verschwunden, und als ich dachte, jetzt würde die Finsternis Einzug halten, ist mit einem rätselhaften Pergamentbogen ein wenig Licht aufgetaucht. Über meinem Kopf schweben bedrohliche Wolken, schon fallen die ersten Tropfen, aber noch ist das Unwetter nicht losgebrochen.

Gestern habe ich mir eine Lupe besorgt. Allerdings war sie mir keine große Hilfe. Neben einer Reihe Buchstaben in einer Sprache, die ich nicht verstehe, hat jemand mit der Hand »om mani padme hum« geschrieben.
Mit diesen Worten kann ich nichts anfangen.
Aber ich bin mir sicher, dass sie für irgendjemanden alles bedeuten.

Portland, 26. Oktober

Heute habe ich herausgefunden, dass dieses leuchtende Wesen auf meinen Pergamentbogen Avalokiteshvara heißt. Auf Sanskrit bedeutet das »der Herr, der nach unten schaut«. Es ist ein Bodhisattva, jemand, der mit seiner ganzen Energie den Weg des Buddha geht, und dieser hier ist der Bodhisattva des Mitgefühls.
Er lebt auf einem Pergamentbogen in einem Umschlag, der in einen Briefkasten gefallen ist, ohne Empfänger oder Absender. Der, der das Licht sucht und anderen Licht bringt, ist ins Niemandsland geraten.
Warum hat sich ein Asket, ein Philosoph, ein weiser Mann hierher verirrt?
Avalokiteshvara und ich, im Halbdunkel verloren, im Reigen einer absurden Zeit gefangen.
Warum?

Portland, 29. Oktober

Könnte ich es Florence erzählen, würde sie mir glauben. Das weiß ich. Aber ich kann nicht.
Ihre Abwesenheit hat genauso viel Gewicht wie meine Gegenwart. Beides nimmt denselben Raum ein und atmet dieselbe Luft.

Ich würde Florence erzählen, dass der Bodhisattva mich begleitet. Er ist hier, ja, er ist weder unter B eingeordnet noch in der Schatzkiste. Er liegt auf meinem Tisch.
Wenn ich mich verloren fühle in diesem Wust aus Schreiben und Briefumschlägen, halte ich Ausschau nach ihm. Da ist er, gleichmütig, mit seinen Hunderten von Armen. Wenn ich das Gefühl habe, dass mir schwindelig wird, gehe ich zu meinem Tisch und lege meine Hände auf den Pergamentbogen, und er ist da und hält mich. Sein Mitgefühl wärmt meine Seele.

Portland, 9. November

Ich bin ein Geächteter. Ich bin ein Verbrecher. Ich bin …
Heute, spätabends, werde ich den Pergamentbogen heimlich in meine Aktentasche stecken und mitnehmen. Niemand wird es erfahren. Ich stehle ihn nicht. Ich leihe ihn mir nur vorübergehend aus. Ich will mehr über ihn erfahren, ich will wissen, was er zu bedeuten hat. In der Nähe der U-Bahn-Station ist ein Antiquariat, und für morgen habe ich mir freigenommen und werde ihn dort hinbringen.
Ich muss herausfinden, was der Buddha mir durch dieses wunderbare Wesen mitteilen will. Ich weiß, es ist eine Botschaft an mich, aber ich verstehe sie nicht.

Portland, 11. November

Gestern war ein großer Tag, der im Gewand eines ganz normalen Tages begann. So ist es oft.
Um acht Uhr morgens habe ich meinen Kaffee getrunken und bin anschließend in das Antiquariat gegangen. Auf dem Tisch lag Kan-

non. Ich weiß jetzt, dass Avalokiteshvara, der Bodhisattva des Mitgefühls, in Japan Kannon heißt. Der Pergamentbogen ist ein Holzschnitt eines japanischen Künstlers und besitzt einen gewissen Wert, hat der Antiquar gesagt.
Für mich hat er den allergrößten Wert und die allergrößte Bedeutung.
Dann kam meine Mutter in die Küche. In letzter Zeit redet sie kaum noch mit mir, als hätte ich mit dem Verzicht auf mein eigenes Leben nicht schon genug für ihren Geburtsschmerz gebüßt.
Sie hat gebannt auf meinen Pergamentbogen geschaut. Dann hat sie die Augen niedergeschlagen.
Kannon, hat sie geflüstert.
Kannon, hat sie geseufzt.
Kannon, hat sie geschluchzt.
Kannon, hat sie zu mir gesagt.
Kannon, hat sie gelacht.
Und in diesen fünf »Kannon« habe ich ihr Leben und das ihrer Familie vorbeiziehen sehen.
Sie hat mir eine Hand auf die Schulter gelegt, und ich bin zusammengezuckt. Wie lange schon hat meine Mutter mich nicht mehr berührt? Und dann ist das Wunder geschehen.
Minutenlang hat sie »om mani padme hum« gemurmelt. Da wusste ich, dass sie Bescheid weiß.
Kannon, der Bodhisattva des Mitgefühls, hat gelobt, niemals zu ruhen, solange er nicht alle Lebewesen von Schmerz und Tod befreit hat. Deshalb die vielen Köpfe, damit er all unsere Bitten erhören kann. Deshalb die vielen Arme, um uns allen zu helfen.
Ich wäre gern wie Kannon, ich würde gern helfen, das Leid der Welt zu lindern, aber wie? Und wo? Es gibt so viel Leid.

Portland, 13. November

Im Niemandsland ist ein Tag wie der andere. Langsam schleppen sie sich dahin zwischen Bergen von Papieren, Stempeln, Briefen.
In meiner Familie hat meine zweitälteste Schwester ein Baby bekommen. Die dritte feiert bald Hochzeit. Die vierte hat verkündet, dass sie nach Chicago zieht.
Bei meiner Mutter wurde kürzlich eine Lungenentzündung festgestellt. Das ist alles in meinem Leben. Ich merke, dass das Schreiben keinen Sinn mehr hat, es sei denn, Florence würde zurückkommen.
Herr des Mitgefühls, hab Mitleid mit mir.

Auf diesen Eintrag folgten nur leere Seiten. Hieß das, Florence war nie mehr zurückgekommen? Und Rob hatte das Niemandsland gar nicht kennengelernt? Waren die Schätze der Arche vernichtet worden, als der tüchtige Zollbeamte, der vierzig Jahre lang im Keller gearbeitet hatte, in Rente ging? Hat Kosei-San die baumelnden Füße – einer davon ohne Schuh – der ersten Selbstmörderin, die er gesehen hat, vergessen?

Ungeduldig blätterte ich durch die Seiten, begierig auf Antworten, die ich nicht bekommen würde. In Kosei-Sans Tagebuch reihten sich nur noch weiße Blätter aneinander. Gerade wollte ich es enttäuscht weglegen, da sah ich, dass auf den letzten Seiten noch etwas stand.

Om: Weg der Meditation
Ma: Gib mir Geduld
Ni: Ich strebe nach Disziplin
Pad: Schenk mir Weisheit
Me: Ich strebe nach Großzügigkeit
Hum: Ich empfange den anderen mit Sorgfalt

Bodhisattva des Mitgefühls. Ich habe Mitgefühl mit mir selbst. Und als erlöster Mensch habe ich Mitgefühl mit allen Mitmenschen, die heute schutzlos und verletzt ihren Weg gehen. Mit denen, die ihn gestern gingen. Mit denen, die ihn morgen gehen werden.

Weiter unten stand dutzendfach ein und derselbe Satz:

Weisheit und Mitgefühl sind untrennbar.

Und auf der letzten Seite:

*Portland, irgendein Frühlingstag,
Om mani padme hum*

31.
FAMILIENANGELEGENHEITEN

Ohne dem Alten meine wahren Absichten zu verraten, verließ ich im Morgengrauen die Hütte, in der Tasche Kekse, eine Thermoskanne mit heißem Tee und Tassen.

Auf dem Weg zu Esmeraldas Zeltplatz fragte ich mich, wie lange die Vorräte in der Hütte wohl noch reichen würden. Vielleicht sollte ich noch einmal in die Stadt fahren, um für den Meister einzukaufen.

Da fiel mir wieder ein, dass mein alter Ford ja noch mit einem Platten am Berghang stand und der rauen Witterung ausgesetzt war.

Wenn ich tatsächlich Vorräte besorgen wollte, musste ich also zunächst eine Werkstatt anrufen, um meinen Wagen abschleppen und reparieren zu lassen. Aber dafür musste ich mein Handy aufladen und einschalten, was ich seit Beginn meiner ungewöhnlichen Reise nicht mehr getan hatte.

Als ich Esmeralda wie eine dunkelhaarige Waldfee am Eingang ihres Zeltes sitzen sah, verflogen all diese praktischen Überlegungen schlagartig.

Leise näherte ich mich ihr, um sie beobachten zu können, bevor sie mein Kommen bemerkte. Dabei goss ich aus der Thermoskanne Tee in eine Tasse, um sie damit zu überraschen.

Sie war damit beschäftigt, Sorgenpuppen zu basteln. Ein Strahlen ging über ihr Gesicht, als sie ihre Hände der Tasse mit warmem Tee entgegenstreckte.

Während ich ihr beim Trinken zusah, dachte ich, dass man sich durchaus daran gewöhnen konnte, so zu leben und jederzeit das Gute, das man bekommt, anzunehmen, ohne nach den Gründen zu fragen oder um Erklärungen zu bitten.

In fast andächtigem Schweigen setzten wir uns in den Schatten einer Kiefer.

»Weißt du, was das Einzige ist, das ich in diesem kleinen Dschungel vermisse?«, fragte Esmeralda mit verträumtem Blick. »Tacos. Ich würde auf der Stelle mehrere verschlingen!«

»Ich würde lieber dich verschlingen«, erwiderte ich und küsste sie. »Erinnerst du dich, wie du mir von der Maisgöttin der Maya erzählt hast? Der Göttin, die auf deine Sorgenpuppen aufpasst?«

Sie nickte erwartungsvoll.

»Zu Hause in unserer Küche bin ich mit der kleinen Schwester dieser Göttin aufgewachsen.«

Esmeralda machte große Augen, und ich genoss ihren Anblick.

»Ich bin ein Chicano«, fuhr ich fort. »Ich bin zwar in den Vereinigten Staaten geboren, aber früher verging kein Tag, ohne dass meine Eltern mich nicht an die Herkunft unserer Familie erinnert hätten.«

Unversehens befanden wir uns in dem kleinen blauen Haus im Viertel *Nuestra Señora de la Bienvenida*, einem kleinen Universum, in dem mexikanische, salvadorianische und honduranische Familien lebten, abgekehrt von dem Land, das sie aufgenommen hatte. Und wir, die Kinder dieser Familie, surften zwischen zwei Welten hin und her: der Welt, die wir im Fernsehen sahen und in der Schule erlebten, und der Welt der Familienfeste und Totenaltäre des 1. November.

»Wenn ich nach Hause kam, empfing mich die Jungfrau von Guadalupe«, fuhr ich fort. »Die einzige Musik, die bei uns zu Hause gehört wurde, waren Rancheras und Corridos. Meine Großmutter sprach nur Spanisch mit uns. ›Lass sie‹, sagte meine Mutter immer, ›sie kann nicht mehr umlernen‹. Eines Tages verfolgten mich ein paar Jungs aus unserem Viertel, um mir mein Skateboard zu klauen. Meine Großmutter hat es vom Küchenfenster aus beobachtet und ist mit einem Besen in der Hand herausgekommen. Sie hat den Jungs so viele englische Schimpfwörter und Flüche hinterher gerufen, dass mir der Mund offen stand.«

»Hast du nicht gesagt, sie sprach kein Englisch?«

»Genau das habe ich sie auch gefragt, und weißt du, was sie geantwortet hat? ›Wenn ich mich weigere, Englisch zu reden, heißt das noch lange nicht, dass ich es nicht kann. Aber wehe du erzählst es deiner Mutter, dann kriegst du eine Tracht Prügel von mir.‹ Den ganzen Tag schaute sie sich Serien wie *Dallas* an. So hatte sie die Sprache gelernt. Aber danach habe ich sie nie wieder Englisch reden hören.

Mein Vater behauptete immer ganz stolz, meine Mutter sei die beste Köchin von Michoacán. Um die Familienkasse aufzubessern, stand sie den ganzen Tag in der Küche und machte Tortillas, die die Leute aus dem Viertel bei ihr bestellten. Ich erinnere mich noch, wie sie den Teig immer rhythmisch auf die Marmorplatte schlug. Ich sehe sie noch vor mir, wie sie mit ihren kräftigen Beinen und leicht gebeugtem Rücken fest auf dem Boden stand. Wie sich ihre Arme hoben und senkten, die Finger im Maismehl vergraben. Eine wahre Kunst. Sie war eine Art niedere Göttin, die über ein kleines Universum aus mehreren Planeten herrschte: meine Geschwister, mein Vater, meine Großmutter, ein paar ledige Onkel und Tanten und die Nachbarinnen, die dauernd herüberkamen und Ratschläge von ihr wollten.

Immer trällerte sie irgendeine Melodie, wenn wir in die Küche kamen und uns am Küchentisch versammelten, um unsere Hausaufgaben zu machen. Der Maisduft versetzte sie in eine Landschaft, die ich nie kennengelernt habe. Es faszinierte mich, wie zäh sie sich an ihre Wurzeln klammerte. Meine Geschwister und meine Nichten und Neffen wohnen immer noch dort. Sonntags saßen sie alle um den Tisch, redeten über Fußball und über ihre Toten … Alle außer Jonathan und mir. In der Beziehung waren wir beide gleich: Wir weigerten uns, am Rand der Gesellschaft zu verharren und ständig etwas zu vermissen, was wir gar nicht kannten. Deshalb habe ich auch nur wenig mit den Verwandten zu tun, die noch leben. Es ist einfach nicht meine Welt.«

Ich schwieg einen Moment, und zum ersten Mal bemerkte ich Spuren von Traurigkeit in Esmeraldas Blick.

»Deinem Herzen fehlen ein paar Stücke«, sagte sie ernst. »Von außen betrachtet, sieht man es deutlich. Teile von dir sind noch dort, in dieser Küche, bei deiner Familie. Du wirst nie glücklich sein, wenn du nicht zu ihr zurückkehrst.«

Mit den ruhigen Gesten, die ich dem Meister abgeschaut hatte, goss ich ihr Tee nach und trank den Rest direkt aus der Thermoskanne.

Wenn du gehst, Stoffpuppenmädchen, wirst du mir auch ein Stück aus dem Herzen reißen. Man verliert sein Leben lang Herzensstücke, dachte ich traurig.

Als hätte sie meine Gedanken gelesen, streckte sie ihre Hand aus und legte sie auf meine Brust. Starke Wärme durchströmte mich, und mein Puls beschleunigte sich.

Ich zog sie an mich und küsste sie sanft. Erst ihr Haar, dann ihre Stirn, dann ihre Augenlider. Sie ließ es geschehen.

Ich umschlang sie fest, sodass ihr Kopf an meiner Brust lag. Ich wollte, dass sie mein Herz hört, das verletzt war, aber kräftiger schlug als seit vielen Jahren.

»Wenn ich eine Familie wie deine hätte«, flüsterte sie, »würde ich nicht allein mit der Asche meines Bruders durch die Gegend fahren.«

Sanft nahm ich ihren Kopf in die Hände und drehte ihr Gesicht meinem zu, weil ich mehr über ihre Geschichte erfahren wollte.

»Ich bin allein mit meiner Mutter aufgewachsen, einer wunderbaren Frau und einer sehr schönen, sagten alle Leute. Obwohl ich sie als Kind oft danach gefragt habe, hat sie fast nie über den Mann gesprochen, von dem sie schwanger wurde und der dann nichts mehr von ihr wissen wollte, was ja so oft passiert. Ich weiß nur, dass sie ihn aus irgendeinem Grund bis an ihr Lebensende geliebt hat. Ist Liebe nicht merkwürdig und ungerecht?«

Esmeralda ließ den Kopf hängen, wie erdrückt von der Last einer zu schmerzhaften Erinnerung.

Ich hob ihr Kinn und küsste sie zärtlich. Dann sprach sie weiter, und ihre mandelförmigen Augen leuchteten.

»Zwischen meiner Mutter und mir gibt es einen fundamentalen Unterschied, zumindest in Sachen Liebe. Sie hat sich in den Mann verliebt, der mein Vater wurde, und nie wieder einen anderen gehabt. Ich dagegen habe mehrmals Liebesroulette gespielt, aber immer verloren. Hinterher bin ich dann jedes Mal zu meiner Mutter zurückgekehrt, damit sie mir half, mein gebrochenes Herz zu reparieren. Der Gedanke, dass ich das nie wieder tun kann, ist unerträglich.« Sie seufzte tief. »Jetzt bin ich allein, und nur ein paar Sorgenpüppchen hören sich meinen Kummer an.«

»Das stimmt nicht«, sagte ich. »Ich will von deinem Kummer hören. Und auch von deiner Freude.«

Sie lächelte traurig. Dann sagte sie etwas Überraschendes: »Und ich möchte die Maistortillas deiner Familie probieren.«

32.
DREI GRÜNDE WEITERZULEBEN

Während ich versuchte, das Wunder zu verarbeiten, das ich gerade erlebte, zog an diesem Abend ein weiterer Gegenstand in Kosei-Sans Wohnzimmer meine Blicke auf sich. Dem alten Mann hatte ich noch nichts von Esmeralda erzählt.

»Woher kommt dieses zerbrochene Silberherz?«, fragte ich ihn.

Kosei-San schaute von dem Buch auf, das er gerade las – *In my own way*, die Autobiografie von Alan Watts[*] –, und drehte seinen kahlen Kopf zum Kaminsims, auf dem der Anhänger lag und im späten Sonnenlicht golden schimmerte.

»Er gehört jemandem, der ihn nicht mehr braucht, weil er gelernt hat, mit seinem eigenen Herzen zu leben.«

Die Erwähnung des Gegenstandes schien in seinem Geist eine Flut von Erinnerungen auszulösen, denn nach einigen Sekunden des Schweigens sagte er:

»Wir brauchen eine Tasse Tee.«

Ich stand auf, um den Herd anzumachen. Eine neue Geschichte wartete auf mich in der Abenddämmerung, und nach

---

[*] Alan Watts (1915-1973), englischer Religionsphilosoph, der einen wichtigen Beitrag zur Popularisierung von östlicher Philosophie und Spiritualität in der westlichen Welt leistete.

dem Gesichtsausdruck des Meisters zu urteilen, war sie vielversprechend.

Als ich die Tonkanne und die beiden gefüllten Teetassen auf den Tisch stellte, sah ich, wie Kosei-San das kleine Schmuckstück streichelte.

»Obwohl sie einen so wunderschönen Namen trug, war Alma ein trauriges Mädchen. Für eine Achtzehnjährige hatte die Art, wie sie die Schultern hochzog, ihr müder Gang, die Worte, die sie wählte – all das hatte etwas merkwürdig Nostalgisches.«

»Warum merkwürdig?«

Die faltigen Finger des alten Mannes trommelten auf den Tisch, und sein Gesicht verzog sich zu einer Grimasse.

»Üblicherweise bezieht sich Nostalgie auf vergangenes Glück, aber Alma hatte nur sehr wenig Übliches an sich … Sie sehnte sich zurück nach etwas, was nie geschehen war. Sie vermisste jemanden, den sie nie gehabt hatte.«

»Jugendlicher Liebeskummer«, urteilte ich sofort.

»Spielt denn das Alter eine Rolle?«, schalt mich Kosei-San liebevoll. »Alma war von ihrer ersten Liebe verletzt worden. Erinnerst du dich noch an deine erste Liebe?«

Ich nickte. Es war ein Nachbarsmädchen aus meiner Straße, das im Laden ihres Vaters arbeitete. Ich habe nie gewagt, mit dem Mädchen zu sprechen, ich bat es immer nur um das, was auf meinem Zettel stand, aber zwischen zwölf und vierzehn Jahren geisterte es fast jeden Abend durch meine Wachträume.

Diese naive Verliebtheit behielt ich für mich, wie ich es auch damals als Junge getan hatte. Ich wollte lieber Almas Geschichte hören.

»Sie war Studentin an einer Filmhochschule und hatte sich Hals über Kopf in einen jungen Dozenten verliebt, der praktische Kurse gab«, erklärte Kosei-San. »Ich lernte sie kurz vor ihren Semesterabschlussprüfungen kennen, die sie nicht ablegen wollte.«

»So sehr war sie durch den Wind?«

»Die Liebe … du weißt schon. Irgendjemand, dessen Namen ich vergessen habe, hat mal gesagt, verliebt zu sein bedeutet, den Unterschied zwischen einem bestimmten Menschen und allen übrigen maßlos zu übertreiben. Naja, jedenfalls versicherte mir die deprimierte Alma, ihr Leben sei zu Ende und es sei ihr egal, ob sie die Prüfungen besteht oder durchfällt … Übrigens sollte ich dazusagen, dass ich sie nicht hier an der Klippe kennengelernt habe.«

»Nein?«, fragte ich überrascht. »Und wo dann?«

»In einem Wald hinter Luckyfield. Eines Tages, als ich vom Einkaufen zurückkam, sah ich sie am Wegesrand auf einem Haufen verwelkter Blätter liegen. Damals hatte ich noch ein Auto und gute Augen und konnte meine Besorgungen selbst erledigen«, fügte er traurig hinzu. »Jetzt bin ich von anderen Menschen abhängig.«

»Ich werde Chauffeur und Einkaufsbote für Sie spielen, sobald ich meinen Wagen repariert habe«, versprach ich ihm. »Aber erzählen Sie bitte weiter. Was hat Alma dort gemacht?«

»Sie war in der Dorfpension abgestiegen. Ich fragte sie, ob es ihr gut gehe, und sie antwortete: ›Kommt drauf an, was Sie unter *gut gehen* verstehen.‹ Ich beschloss, am Wegesrand zu parken, um ein bisschen mit ihr zu reden. Sie sah so traurig und gleichzeitig so bezaubernd aus. Als sie erfuhr, dass ich an der Felsenklippe wohne, war sie sehr beeindruckt, und von diesem Tag an besuchte sie mich immer wieder. Sie kam mit ihrer kleinen Kamera und fotografierte den ganzen Tag die Schatten der Felsen.«

»Eine exzentrische Künstlerin …«

»Ein echtes Genie«, korrigierte mich der Meister. »Du hättest die Fotos sehen sollen. Es war nicht ein einziger Schatten darunter, der nicht einem Gesicht mit einem bestimmten Gefühlsausdruck ähnelte. Hast du mal *Über die menschliche Trauer* von C. S. Lewis gelesen?«

»Nein …«, gestand ich verlegen.

»Dann solltest du es tun. Der Autor hatte damals gerade seine Frau verloren und beschloss, ein Buch zu schreiben, in dem er ausführlich seine Gefühle schildert. Aber um auf Alma zurückzukommen: Die Schatten, die sie fotografierte, waren ihre eigenen, die heulenden Monster, die sie heimsuchten, nachdem sie in die Falle gegangen war.«

Während der Alte sich eine Pause gönnte, um einen Schluck Tee zu trinken, sah ich ihn fragend an.

»Sie war in die Fänge eines jungen Dozenten geraten, der an ihrer Schule einen Fotografie-Kurs leitete. Die verliebte Studentin und Jane-Austen-Leserin war ein so schutzloses Geschöpf, dass ihm nur wenige Blicke genügten, um sie zu erobern. Der geborene Schürzenjäger war berühmt für seine Frauengeschichten, aber das wusste sie nicht. Ein schüchternes, romantisches junges Mädchen war genau das Beutestück, das in seiner Sammlung noch fehlte.

Er begann, sie ab und zu am Ende seines Kurses aufzufordern, noch etwas dazubleiben, unter dem Vorwand, er wolle ihr dies und das zu seiner Arbeit erklären. Und bald packte Alma selbst ihre Sachen bewusst langsam zusammen, um mit ihm allein zu sein. Die Verführung nahm an Fahrt auf.

Einen Monat später folgte der erste Kuss in der Dunkelkammer, in der die Studenten lernten, Filme zu entwickeln. An den folgenden Nachmittagen, wenn der Raum gerade nicht belegt war, setzte der Verführer all seine Künste ein. Im Dunkeln berührte er zum ersten Mal ihre Brüste und schob ihre zögernde Hand in seine Hose, damit sie seinen Penis berührte.

Alma war sehr verliebt, aber auch sehr ängstlich. Bisher war sie bei keinem Jungen so weit gegangen, und dieser Mann war fast doppelt so alt wie sie. Deshalb weigerte sie sich standhaft, mit ihm zu schlafen.

Dann kamen die Weihnachtstage und Neujahr. Bis Anfang Februar ging es weiter mit dem Hin und Her, mit den Unterrichtsstunden, in denen der Dozent kühl und distanziert auftrat, und den Treffen in der Dunkelkammer, bei denen er Alma seine Liebe gestand und ihren Widerstand zu brechen versuchte.

Als der Frühling kam, gab Alma schließlich nach, und er nahm sie auf einem Tisch, auf dem sie mehr Schmerz als Lust verspürte. Nachdem er sie endlich erobert hatte, verbot ihr der Dozent, mit irgendjemandem darüber sprechen, denn falls bekannt würde, dass er eine Affäre, wie er es nannte, mit einer Studentin hatte, würde man ihm kündigen.

Alma ließ sich darauf ein, weil sie bis über beide Ohren verliebt war beziehungsweise meiner Meinung nach völlig verblendet. Als fleißige Leserin von Liebesromanen sah sie sich in der Rolle der schüchternen jungen Frau, die den Schurken erobert. Um der Liebe willen erlöst sie ihn, und sie leben glücklich bis ans Ende ihrer Tage. Im Glauben an dieses Ideal verlor Alma ihre Jungfräulichkeit zwischen Entwicklungs- und Fixierbädern. Aber im Grunde verlor sie viel mehr. Nur eine Woche später hatte sie nicht nur ihre Unschuld, sondern auch ihr Selbstvertrauen und ihre Lebensfreude eingebüßt.«

»Was ist passiert?«

»Alma hatte sich mit ihrem heimlichen Liebhaber fünf

Straßen von der Universität entfernt am Eingang eines Cafés verabredet, doch der Herr erschien nicht. Da sie dachte, er sei beim Korrigieren von Semesterarbeiten aufgehalten worden, versuchte sie es in seinem Büro, aber auch dort fand sie ihn nicht. Als sie nach ihm fragte, sagte der Hausmeister, er habe ihn in die Dunkelkammer gehen sehen.«

Kosei-San trank seine Tasse leer und stellte sie mit einer entschlossenen Geste auf den Tisch.

»Vor der Tür dämmerte ihr plötzlich, was sie drinnen vorfinden würde.«

Auch ich sah die Szene vor mir, wollte Kosei-San aber nicht vor dem Ende der Geschichte unterbrechen.

»Auf demselben Tisch, auf dem der Dozent sie entjungfert hatte, arbeitete er sich mit heruntergezogener Hose an einer von Almas Kommilitoninnen ab.«

»Das müsste ihr doch genügt haben, um zu begreifen, dass der ehrenhafte Dozent ein Schuft war«, sagte ich entrüstet. »Sie hätte ihn sogar bei der Institutsleitung melden können.«

»Ach Toni … Weißt du nicht, dass Liebe blind machen kann? Alma war immer noch verliebt und plante jetzt eine Rache, bei der sie sich selbst zerstören würde.«

Drückende Stille machte sich in dem bereits im Dämmerlicht liegenden Wohnzimmer breit. Kosei-San schaltete eine kleine Lampe an, die ihren Strom aus den Sonnenkollektoren bezog. Dann erzählte er weiter:

»Obwohl die Frist bereits verstrichen war, hatte Alma beschlossen, eine Abschlussarbeit anzufertigen, um sich von ihrem Schmerz abzulenken. Zuerst dachte sie daran, als Ort für ihre Fotos den Wald zu wählen, aber als sie die Felsenklippe entdeckte, kam ihr eine neue Idee. Sie wollte um die hundert Schatten fotografieren, die alle ihren verzweifelten Seelenzustand darstellen sollten, und sich anschließend am selben Ort das Leben nehmen. Für ihre letzte Aufnahme würde sie ein Stativ benutzen und den Selbstauslöser betätigen. In einem Abschiedsbrief wollte sie darum bitten, man solle ihr gesamtes Fotomaterial diesem Unmenschen zum Entwickeln übergeben.«

»Eine wahrhaft romantische Seele«, sagte ich und hätte beinahe gelacht, wäre der Fall nicht so ernst gewesen, »geradezu viktorianisch.«

»Mehr als du denkst«, murmelte Kosei-San und stützte seinen kahlen Kopf in die Hände, als wäre er ihm am Ende des Tages zu schwer geworden. »Auf einem Straßenmarkt hatte sie sich ein silbernes Herz gekauft und ihrer beider Name eingravieren lassen. Die Hälfte mit ihrem Namen hatte sie dem Professor an jenem Nachmittag geschenkt, als sie seinem Drängen nachgegeben hatte. Die andere Hälfte hatte sie behalten.«

Ich nahm das halbe Herz in die Hand, das mir, weil es so leicht war, eher aus Neusilber als aus echtem Silber zu bestehen schien. Beim Anblick der eingekratzten Inschrift bekam ich Mitleid mit der unglücklich Verliebten.

Was war aus ihr geworden? Wie hatte der Meister es geschafft, sie von ihren tragischen Plänen abzubringen? Ich brauchte ihn nicht zu fragen, um es zu erfahren.

»Alma war ein zu fantasievolles und zu intellektuelles Mädchen, um sich mit einer einzigen Erklärung entwaffnen zu lassen«, erklärte Kosei-San. »Also führte ich drei Argumente gegen die unsinnige Tat vor.«

»Die würde ich gerne hören«, bat ich.

»Das erste kennt jeder von uns, aber manchmal vergessen wir es. Ich sagte ihr, dass ihr Leben nicht nur ihr allein gehöre, sondern auch denen, die sie liebten. Würde sie es zerstören, um die Aufmerksamkeit dieses Idioten zu erlangen, würde sie auch das Leben anderer Menschen, die an dem Unrecht keinerlei Schuld trügen, für immer zerstören. Zum Beispiel das ihrer Eltern. Dies akzeptierte sie nur halb und sagte, es hätte ja auch sein können, dass sie gar nicht geboren worden wäre. Deshalb dürfe sie gehen, wann immer sie wollte.«

„Was haben Sie ihr noch gesagt?"

»Mein zweites Argument lautete, dass halbe Herzen genau wie halbe Apfelsinen Augenwischerei seien. Niemand brauche eine andere Hälfte, um vollständig zu sein, erst recht nicht eine Künstlerin wie sie. Gott selbst habe niemanden neben sich gebraucht, um die Welt zu erschaffen.«

»Das Argument hat ihr bestimmt viel besser gefallen. Und wie lautete das dritte?«

»Es ist gewissermaßen eine Weiterentwicklung des vorherigen. Ich habe folgenden Satz von Mark Aurel zitiert: ›Die beste Art, sich zu rächen, ist die, sich nicht dem Feind anzugleichen.‹ Und habe noch hinzugefügt: ›Wenn du dich rächst, indem du in einer Abschlussarbeit dein Leben wegwirfst, ist das eine ebenso lächerliche und aufgesetzte Geste wie das Gerede, mit dem dieser Verführer dich umgarnt hat. Warum organisierst du nicht eher eine Ausstellung mit deinen Schattenfotos? In einer Stadt hier in der Nähe kenne ich ein Galerie-Café, in dem man dir Flächen zur Verfügung stellen würde. Wenn du dich vernichtet fühlst, ist das beste Heilmittel Kreativität und nicht noch mehr Vernichtung.‹«

33.
AUFBAUEN UND ABBAUEN

Als ich eine Stunde nach Tagesanbruch beschwingt in die Schlucht hinabstieg, dachte ich an die verschiedenen Wege, die der Meister Alma vorgeschlagen hatte, um aus ihrer Sackgasse herauszukommen.

Der dritte Weg hatte mich nachts im Bett an *Boyhood* erinnert, einen Film über einen Jungen, der die Hindernisse des Lebens überwindet und schließlich die Schwelle zum Erwachsensein überschreitet.

Genau wie Alma hat der begabte Student, als er seiner ersten Liebe begegnet und dabei ordentlich auf die Nase fällt, das Gefühl, die Welt würde zusammenbrechen. Als er seinem Vater – gespielt von Ethan Hawk – erzählt, dass seine erste Freundin ihn verlassen hat und er am Boden zerstört ist, gibt dieser ihm zwei Ratschläge:

Jede Minute, die du damit verbringst, einem dummen Mädchen nachzuweinen, ist eine verlorene Minute.
Mach selbst etwas Wertvolles, und vor deiner Tür werden sie Schlange stehen.

Besonders der zweite Ratschlag hallte jetzt in mir nach, denn man konnte nicht gerade sagen, dass ich in letzter Zeit etwas

Wertvolles gemacht hatte, außer den Kontakt mit der Welt abzubrechen, den Geschichten des Alten zu lauschen und mein Auto sich selbst zu überlassen.

Vielleicht waren meine Besuche bei Esmeralda das Kreativste, was ich im Moment zustande brachte, selbst wenn am Ende auch sie fortgehen und ich mit leeren Händen zurückbleiben würde, ohne dass sie vor meiner Tür Schlange standen.

Dass auch Esmeralda ihren eigenen seelischen Kummer hatte, merkte ich daran, dass sie, während sie auf einen der Heringe einhämmerte, die die Zeltschnüre spannten, kühler und nervöser war als an den vergangenen Tagen.

»Ist was passiert?«

»Warum fragst du?«, antwortete sie in Abwehrhaltung.

Verwundert schaute ich sie an.

»Naja, es sieht so aus, als würdest du das Zelt neu aufbauen.«

Als mir aufging, wie sonderbar das Ganze war, verstummte ich. Hatte sie vielleicht vorgehabt zu verschwinden, ohne sich von mir zu verabschieden, und es im letzten Moment bereut?

»Ach, das! Heute Morgen bin ich zum Bach gegangen, um mich zu waschen, und als ich zurückkam, hatte der Wind einen Teil des Zeltes umgeweht.«

»Nein.«

Jetzt war sie es, die mich verdutzt ansah.

»Nein was?«

»Es war nicht windig«, sagte ich todernst. »Ich bin seit Tagesbeginn wach und zwischen den Felsen spazieren gegangen, und da war kein Wind.«

Sie zögerte und sagte langsam:

»Dann war es vielleicht nur hier unten, in diesem Stück Wald, so windig.«

Ich war alt genug, um zu wissen, dass Wortwechsel dieser Art nie gut ausgehen. Zum ersten Mal seit Jahren war ich glücklich. Wozu dieses Gefühl wegen ein bisschen Wind zerstören? Was machte es schon, wenn sie beschlossen hatte zu gehen und dann doch ihre Meinung geändert hatte?

Vor mir stand meine zauberhafte Esmeralda in ihren alten Jeans und einem langen roten Pullover, der ihr Gesicht belebte.

In friedlicher Absicht und mit breitem, versöhnlichem Lächeln ging ich auf sie zu. Sie lächelte und kam mir entgegen.

Ein paar Sekunden später umarmten wir uns fest. Esmeralda schlang ihre Beine um meinen Körper, wir fielen gemeinsam zu Boden und rollten durch das Gras. Ich küsste sie leidenschaftlich, bis wir beide fast keine Luft mehr bekamen.

Nebeneinander auf der Erde liegend, die Hände ineinander verschlungen, ließen wir frische Luft in unsere Lungen strömen.

Während meine Augen über das Wolkenmeer wanderten, spürte ich wieder, wie unsere Herzen im Gleichtakt schlugen.

Diesen innigen Moment nutzte ich, um ihr ausführlicher von dem Mann des Abgrunds und seinen Geschichten zu erzählen. Während ich redete, spürte ich, wie sehr der alte Mann und Esmeralda es jeder auf seine Weise geschafft hatten, den Rest der Welt für mich verschwinden zu lassen.

In meinen Gedanken und meinem Herzen waren jetzt nur noch dieser Wald, die Felsenklippen, Esmeraldas Lächeln, Kosei-Sans Erinnerungen und all die Menschen, die eines Tages vorgehabt hatten, in den Tod zu springen, und das an einem Ort, der für mich zu einem der schönsten der Erde geworden war.

Nacheinander kamen mir die Namen und das Leid all dieser

Menschen über die Lippen, von dem in seiner Angst gefangenen Jungen Owen bis zur Kämpferin Rosa, von dem Spieler, der alles verloren hatte, bis zu der Künstlerin ohne Gedächtnis.

Esmeralda hörte mir in fast andächtigem Schweigen zu.

Ich spürte, wie ich leichter wurde. Als ich alles losgeworden war, schwieg ich.

Ein paar krächzende Vögel rissen uns aus unserem geteilten Traum. Da fragte ich sie unvermittelt:

»Kannst du mir helfen, meinen Bruder zu suchen?«

»Vielleicht findet dein Bruder am Ende dich«, lautete ihre rätselhafte Antwort, während sie mir über die Wange strich.

Im blendenden Mittagslicht sah ich aus den Augenwinkeln, dass sie sich ihre Jeans aufgeknöpft hatte, um bequemer zu liegen. Ich nutzte die Gelegenheit, um ganz sachte die weiche Haut an ihrem Bauch zu berühren.

Da es ihr nicht unangenehm zu sein schien, wagte ich mich etwas weiter vor und schob meine Finger unter ihren Slip.

Genau wie ich vermutet hatte, gehörte Esmeralda nicht zu den Frauen, die sich diesen Körperbereich rasierten.

Gerade wollte ich das letzte Stück des Dschungels bis zur Schatzhöhle durchdringen, da verbannte ihre Hand mich behutsam aus ihrer Intimzone.

»Noch nicht«, flüsterte sie mir ins Ohr.

Beschämt schloss ich die Augen und versuchte, mich in der aufkommenden zarten Brise zu entspannen. Vielleicht, dachte ich, ist es an dieser Stelle des Waldes ja tatsächlich windig.

34.
DIE FRAU IM MORGENGRAUEN

Zum ersten Mal seit meiner Ankunft im Tempel der Letzten Hand wurde ich an diesem Abend, kaum dass ich mich ins Bett gelegt hatte, vom Schlaf übermannt. Eine unendliche Müdigkeit hatte mich niedergestreckt, und ich hätte bis weit in den Vormittag hinein schlafen können, hätten nicht Kosei-Sans Rufe mich geweckt.

»Toni! Toni!«

Erschrocken und verwirrt, weil es noch dunkel war, fuhr ich hoch. Die alte Wanduhr zeigte halb sechs. Wo war denn um diese Zeit Not am Mann?

Die ersten Sonnenstrahlen begannen, die Wolken zu streifen. Durchs Fenster blickte ich auf das Grau-in-Grau, das kurz vor der Morgendämmerung alles überzog.

Kosei-San stand ungeduldig in meiner Zimmertür.

»Beeil dich!«, rief er. »Wir dürfen keine Zeit verlieren. Du musst sofort loslaufen. Sonst wird sie … Ich kann nicht, aber du …«

Loslaufen? Sie? Worum ging es?

Während ich eilig in meine Sachen schlüpfte, flehte ich sämtliche Vorfahren an, dass Kosei-San nicht sagen möge, was er wenige Minuten später, während er mich aus dem Zimmer schob, aussprach:

»Das Morgengrauen ist bei Selbstmördern besonders beliebt.«

Ein Schauer lief mir über den Rücken, während ich mir im Wohnzimmer die Hose zuknöpfte.

»Ich war eben draußen, da habe ich sie gesehen.«

»Wen?«, fragte ich beunruhigt.

»Eine junge Frau. Sie steht bei dem roten Felsen. Ich bin mir sicher ... dass sie kurz davor ist, eine Dummheit zu begehen!«

Verwundert schaute ich ihn an.

»Und warum hast du sie nicht zurückgehalten?«

»Ich weiß nicht, was mit mir los ist ... aber mir tun die Beine weh, und im Kopf dreht sich alles. Lauf du hin, dann bist du vielleicht noch rechtzeitig da!«

Ohne weitere Fragen zu stellen, verließ ich die Hütte und rannte los, als ginge es um mein eigenes Leben.

Während ich über Steine und Felsbrocken sprang, fragte ich mich, ob ich die Frau auch würde zum Tee einladen müssen.

Dann erblickte ich von Weitem eine verschwommene Gestalt.

Ich lief schneller.

Die Frau stand mit dem Rücken zu mir und schaute in die Tiefe, und doch wunderte es mich überhaupt nicht, dass sie nicht sprang. Denn soeben hatte eine orangefarbene Kugel das Grau durchbrochen und überschwemmte alles mit einer solchen Wärme, dass in diesem Augenblick und an diesem Ort niemand hätte sterben wollen.

Zumindest sagte ich mir das, während ich mich der Fremden von hinten näherte.

Der Methode des Alten folgend, bemühte ich mich, kein Geräusch zu verursachen, um sie nicht zu erschrecken.

Doch kurz darauf war ich es, der erschrak.

Als ich ihren Arm ergriff und sie vorsichtig zu mir herumdrehte, erstarrte ich. Mein Mund ging auf, aber sekundenlang kam kein Schrei und kein einziges Wort heraus.

»Esmeralda ...«, murmelte ich schließlich. »Was tust du hier?«

»Ich wollte mir euren Beobachtungsposten anschauen«, antwortete sie wie selbstverständlich. »Ich war plötzlich neugierig. Habe ich dich erschreckt?«

»Nein, nein«, log ich und legte ihr einen Arm um die Schultern.

Sie zitterte leicht. Zu dieser frühen Morgenstunde war es noch kühl, und Esmeralda trug nur eine Bluse und um den Hals ein orangefarbenes Tuch von der Farbe der aufgehenden Sonne.

Ich gab ihr einen Kuss auf die Wange.

»Hast du noch geschlafen?«, flüsterte sie, als wollte sie den Zauber jenes Wunders, das wir zum ersten Mal gemeinsam betrachteten, nicht brechen.

Ich nickte.

»Dein Meister auch? Ich würde ihn gern kennenlernen. Gestern hast du mich neugierig gemacht mit all diesen Geschichten ...«

Ohne es geplant zu haben, sagte ich den Satz, mit dem Kosei-San jedes Mal sein Zauberwerk einleitete:

»Willst du einen Tee mit mir trinken?«

35.
JEMAND WIRD ES TUN MÜSSEN

Kosei-San lag gleich neben der Tür auf dem Boden, als hätte ihn in dem Moment, als er in sein Zimmer gehen wollte, der Schlag getroffen.

»Er lebt«, beruhigte mich Esmeralda, die neben ihm kniete, die Finger auf seinem Handgelenk. »Sein Puls ist schwach, aber er ist noch da ... Wir sollten einen Arzt holen.«

»Bitte ... Bitte tut das nicht.«

Kosei-Sans Stimme klang sehr schwach, aber ich konnte ihn verstehen.

»Helft mir ins Bett. Mir ist nur schwindelig geworden ...«

»Lass mich das machen«, bat ich Esmeralda. »Ich schaffe es allein.«

Als ich ihm hoch half, erschrak ich über sein geringes Gewicht. Ich hatte das Gefühl, ein Kind zu halten, das die Kräfte verlassen hatten.

Esmeralda, die plötzlich nervös war, schlug mit zitternden Händen das Bett auf, und nachdem ich den alten Mann auf sein Lager gelegt hatte, zog sie ihm die Decke über den Körper.

Kosei-San winkte ab, als wollte er das Ganze herunterspielen. Doch bevor wir die Tür schlossen, hörte ich ihn noch sagen:

»Jemand wird es tun müssen.«

In den folgenden Stunden herrschte Verwirrung. Esmeralda schien sich in dem kleinen Haus unwohl zu fühlen, als wäre sie ein zu freier Geist, um es zwischen vier Wänden auszuhalten.

Ich machte eine Fertigsuppe warm, die ich im Vorratsschrank gefunden hatte, und gab ein wenig Brot und Zwiebeln hinzu. Aber als ich sie dem Alten brachte, wollte er nicht einen Löffel davon essen.

Inzwischen fieberte er, sagte unzusammenhängende Sätze und wälzte sich in seinem Bett hin und her, als wäre er in eine absurde Welt abgeglitten. Doch in seinem Gesicht war kein Schmerz zu lesen, sondern etwas Feierliches. Aus welchem Anlass, war mir rätselhaft, aber er lachte und redete ununterbrochen.

»Wenn wir keinen Arzt holen, stirbt er«, sagte ich äußerst besorgt zu Esmeralda.

»So weit draußen und ohne Auto …, da ist er tot, bevor wir die Zivilisation erreicht haben«, erwiderte sie überraschend trocken. »Aber geh du ruhig, ich bleibe hier und kümmere mich um ihn.«

»Wenn ein Arzt kommt«, murmelte ich nach einigem Zögern, »wird er ihn ins Krankenhaus bringen, damit es dort mit ihm zu Ende geht. Der große Geschichtenerzähler Kosei-San würde es hassen, wenn seine eigene Geschichte so endet.«

Esmeralda nickte mit Tränen in den Augen. Ihr Mitgefühl für einen Menschen, den sie erst so kurze Zeit kannte, berührte mich tief.

»Vergiss nicht, was er gesagt hat …«, fügte sie stockend hinzu. »Jemand wird es tun müssen.«

Ich brauchte keine weiteren Worte, um zu verstehen, was sie meinte.

Ohne länger zu warten, nahm ich meine Jacke und verließ die Hütte, um als Mann des Abgrunds tätig zu werden und notfalls jemandem die letzte Hand zu reichen.

Es war ein herrlicher, warmer Morgen, weshalb mir auch bald eine Familie begegnete, die ihren Wanderführer zu Rate zog, um zu sehen, wo sie gerade war. Ich rief ihnen einen kurzen Gruß zu, was ich etwas später auch mit einer Gruppe Ausflügler tat, die Fotos von der Schlucht machten, ausgerüstet mit Wanderstöcken und Stiefeln, die mir für dieses nicht besonders hindernisreiche Gelände etwas übertrieben erschienen.

Während ich, erstmals in der Rolle des Wächters, am Klippenrand entlang lief, versuchte ich, mir vorzustellen, wie Kosei-San sich hier in seinen Anfangszeiten gefühlt hatte. Hatte er wie ich bei der Vorstellung, auf einen Verzweifelten zu stoßen, einen Knoten im Magen gehabt? Wann hatte er begonnen, diese Menschen auf eine Tasse Tee einzuladen? Er selbst hatte ja nie wie ich einen Meister gehabt! Wie hatte er so viele Stunden, Tage und Jahre der Stille ertragen?

Mit Fragen und Rückblicken auf die verschiedenen Phasen meines eigenen Lebens vergingen die Stunden.

Um die Mittagszeit kehrte ich in die Hütte zurück, um etwas zu essen und nach dem Rechten zu sehen. Esmeralda saß mit besorgter Miene am Fenster und las.

Ich nahm meinen Kontrollgang wieder auf, wachsam Ausschau haltend, ob sich etwas zwischen den Felsen regte, bis schließlich der Abend anbrach.

Ich rechnete nicht damit, dass in der Dämmerung noch jemand hier herauf kommen würde – denn auch um sich umzubringen, braucht man noch etwas Licht –, und kehrte zur Hütte zurück.

Es war noch gar nicht lange her, dass ich zu meiner Nachmittagsrunde aufgebrochen war, doch als ich durch die Tür trat, hatte ich das Gefühl, ein ganzes Leben sei verstrichen.

Nichts hatte sich geändert, und trotzdem schien alles verändert.

Die Stille, die mich im Haus empfing, war wie ein Vorzeichen. Im Halbdunkel saß Esmeralda am Tisch, den Blick zum Fenster gerichtet. Mir war, als liefen ihr Tränen über die Wangen.

Ich wagte nicht, Licht zu machen.

Nach und nach erfasste die Dunkelheit jeden Winkel des kleinen Wohnzimmers. Schließlich nahm ich all meinen Mut zusammen und fragte im Flüsterton, was los sei.

Esmeralda stand langsam auf, beinahe wie in Zeitlupe, ging an mir vorbei, machte aber nicht die geringste Anstalt, mich zu berühren.

»Komm mit«, sagte sie mit zittriger Stimme.

Behutsam öffnete sie die Tür zu Kosei-Sans Zimmer, in dem mehrere Kerzen brannten.

Ich war mir so sicher, dass er tot ist. Aber dann atmete ich erleichtert auf, als ich sah, wie seine Brust sich hob und senkte. Er musste erschöpft eingeschlafen sein.

Die eigentliche Überraschung erlebte ich jedoch, als Esmeralda mir zu verstehen gab, dass sie mir nicht den Kranken zeigen wollte, sondern ein Foto, das in einem alten Rahmen auf der Kommode stand.

Es zeigte eine attraktive junge Frau, die lachend vor einem Backsteingebäude posierte. Bis jetzt hatte ich nicht weiter auf das Porträt geachtet.

»Sieh sie dir gut an, sie ist sehr hübsch …«, sagte Esmeralda ergriffen. »Ich stelle dir meine Mutter vor.«

36.
UND WENN ...?

»Während du getan hast, was getan werden muss«, erklärte sie mir, als wir in meinem Zimmer auf dem Bett saßen, »habe ich dem Meister eine Tasse Tee gebracht. Sein Körper kam mir vor wie ein von Regen und Wind gepeitschtes Herbstblatt, das sich weigert, sich von seinem Zweig zu lösen. Er wirkte so verletzlich, dass ich nicht anders konnte, als ihm über den Kopf zu streichen. In seinen Augen lag das Leuchten eines Menschen, der viel mehr begreift, als er fassen kann.«

Ich nahm Esmeraldas Hand in meine, und sie fuhr mit sanfter Stimme in ihrem Bericht fort.

»Ich habe etwas Tee getrunken. Dann habe ich ihm erklärt, ich sei eine Freundin von dir, und ihn gefragt, ob er etwas Warmes zu sich nehmen wolle, und da ...« Sie hielt kurz inne und schluckte. »Da ... als ich die Teekanne auf die Kommode gestellt habe, habe ich sie gesehen.«

Plötzlich fing sie heftig an zu weinen. Ich setzte mich ganz nah zu ihr und nahm sie in die Arme.

»Das Foto ist zwar uralt und meine Mutter ist darauf noch sehr jung, aber ich habe sie sofort erkannt. In Seattle habe ich noch mehr Fotos aus dieser Zeit. Ich habe aufgeschrien, und er auch, als er mein Gesicht gesehen hat. Alle Welt sagt schon immer, ich sähe meiner Mutter sehr ähnlich. Ich habe ihn gefragt, wie dieses Foto hier hergekommen sei, aber er war unfähig, mir zu antworten.«

Esmeralda erzählte weiter, eine Geschichte, die ich nur zu gut kannte, denn ich hatte sie in einem alten, vergessenen Tagebuch gelesen, das unter meiner Matratze schlummerte.

Ich meinte zu hören, wie sich das Räderwerk des Universums bewegte.

Obwohl ich Esmeralda inständig bat, über Nacht in der Hütte zu bleiben, beschloss sie, im Mondlicht und mithilfe einer Taschenlampe, um Stürze zu vermeiden, zu ihrem Zeltplatz zurückzukehren.

Als der Morgen dämmerte, rief mich Kosei-San mit munterer Stimme in sein Zimmer, als hätte der Besuch seiner Tochter – ich wusste, dass sie es war, und er ebenfalls – ihm ein Extraleben geschenkt.

Bevor ich mich zu ihm auf die Bettkante setzte, warf ich einen Blick auf Florence, die Protagonistin der glücklichsten Tage jenes Mannes, dem der Tod noch einen kleinen Aufschub gewährte.

Ich wandte den Blick von dem Porträt und tat, als wüsste ich von nichts.

»Kosei-San, was bereut man mehr? Was man getan hat oder was man aufgehört hat zu tun?«

»Ich bereue vieles, aber jetzt, an diesem Punkt meines Lebens, trauere ich um all die Hände, die über dem Abgrund schwebten, ohne dass jemand sie ergriffen hat. Dieses ›Und wenn …?‹ verfolgt mich in vielen Nächten.«

Ich sah ihn fragend an.

»Und wenn ich schneller gewesen wäre? Und wenn ich eher aus der Hütte gelaufen wäre?«

Ich konnte sehen, wie Traurigkeit seinen Blick verdüsterte.

»Fast alle Geschichten, die ich dir erzählt habe, sind gut oder zumindest bittersüß ausgegangen ...« Kosei-San versuchte, sich aufzurichten, doch es gelang ihm nicht. So begnügte er sich damit, im Liegen weiterzureden. »Als ich diese Menschen kennenlernte, waren sie Vögel mit gebrochenen Flügeln. Mittels Teetrinken und Reden habe ich ihnen einen Verband angelegt, mit dem sie wieder in die Welt zurückkehren konnten, wenn auch humpelnd und mühsam. Von den meisten werde ich niemals erfahren, ob sie irgendwann wieder fliegen konnten!«

»Wüsstest du denn gern, was aus ihnen geworden ist?«, fragte ich ihn.

Es dauerte einige Sekunden, bis er mir antwortete:

»Wenn ich ehrlich bin: nein. Uns gehört das Hier und Jetzt, die stillstehende Zeit zwischen Gegenwart und Zukunft, in der wir zusammen Tee trinken. Alles was folgt, gehört ihnen, ist ihr Leben. Was sie damit machen, ist nicht mehr meine Sache. Ich glaube, es hat ein ganzes Leben gedauert, bis ich das verstanden habe.«

Als wir beide schwiegen, stieg unverhofft ein Gefühl von Frieden in mir auf. Sollte ich mich wirklich mein restliches Leben lang fragen, was passiert wäre, wenn ich meinen Bruder häufiger angerufen hätte, wenn ich an seiner Seite geblieben wäre, wenn ...? Letztendlich war er gegangen, weil er es so gewollt hatte, und ruhte sich nun von allen weltlichen Schmerzen aus, während ich geblieben war, gefangen in Zweifeln und Gewissensbissen.

Am Fußende seines Bettes sitzend, teilte ich Kosei-San diese bedrückenden Überlegungen mit. Er nickte langsam, und ich wusste, dass er in jedem Wort meinen Schmerz las. Als ich meine Beichte beendet hatte, schauten wir uns an, als sähen wir uns zum ersten Mal. Mit den Augen der Wahrheit und der Freundschaft. Indem wir entdeckten, wie viele Verletzungen wir teilten, erkannten wir uns als ebenbürtig.

»Weißt du was?«, sagte er zum Schluss. »Alle Schritte, die ich in meinem Leben getan habe, die guten wie die schlechten, würde ich wiederholen, nur um zu diesem Augenblick zu gelangen und dieses Gespräch mit dir führen zu können.«

37.
ZU SPÄT

Nach einem kargen Mittagessen – die Vorräte in der Hütte waren fast aufgebraucht – besuchte ich Esmeralda auf ihrem Zeltplatz und sah an ihrem stumpfen, abwesenden Blick, dass auch sie begriffen hatte, wer Kosei-San war. Das erklärte, warum sie es vorgezogen hatte, noch in der Dunkelheit den Steilhang hinunterzuklettern, auf die Gefahr hin, sich das Genick zu brechen, statt im Tempel der Letzten Hand zu übernachten.

So krank Kosei-San auch sein mochte, sie war innerlich noch nicht bereit, mit einem Vater, den sie gerade erst kennengelernt hatte, unter einem Dach zu schlafen.

Wir setzten uns unter die Bäume, und ich wartete darauf, dass sie selbst das Thema ansprach.

»Seit meiner Kindheit habe ich immer davon geträumt, dass er an meinem Geburtstag auftauchen würde oder dass an Weihnachten plötzlich ein Teller mehr auf dem Tisch stünde. Dass ich überglücklich wäre und vor Freude schreien würde ... Ich stellte mir vor, ich würde mich mit Armen und Beinen an ihn klammern wie ein Krake und nicht zulassen, dass er jemals wieder weggeht. Aber gestern ... als mir klar wurde, dass er mein Vater ist, habe ich ihn nicht so gesehen. Ich hatte das Gefühl ...«

»Was hast du gefühlt?«, fragte ich sie und nahm sie in die Arme.

»Nichts.«

»Nichts?«, fragte ich überrascht.

»Mir gingen nur zwei Worte durch den Kopf: zu spät.«

Ich spürte ihr Herz an meinem. Es begann schneller zu klopfen.

»Zu spät, zu spät, zu spät ...«, wiederholte sie abwesend.

»Es ist nie zu spät, Dinge zu teilen und zu verzeihen, Esmeralda.« Ich wunderte mich über mich selbst, als ich mich diese Worte sagen hörte. »Selbst wenn Kosei-San nur noch einen Tag zu leben hätte, läge es in deiner Hand, dich mit ihm zu versöhnen, um dir eine schöne Erinnerung zu schaffen.«

»Verstehst du denn nicht?«, rief sie. »Es ist zu spät für meine Mutter!«

Ich schloss die Augen und sah eine kleine Esmeralda vor mir, sah, wie sie vor ihrer Haustür saß und alle Männer, die auf der Straße vorbeiliefen, aufmerksam beobachtete, wie sie versuchte, in ihnen eine Ähnlichkeit mit sich selbst zu entdecken, wie sie »Papa!« rufen wollte und sich nichts sehnlicher wünschte, als mit ihrem Vater an der Hand ins Haus zu laufen. Und wie ihre Mutter, während Esmeralda träumte und hoffte, sich abrackerte, um über die Runden zu kommen, und zugleich die mitleidigen Blicke der Nachbarn und kritischen Bemerkungen ihrer Eltern ertrug, weil sie als unverheiratete Frau ein Kind bekommen hatte.

Während Esmeralda verzweifelt weinte, umarmte ich sie ganz fest.

Wir saßen unter den Bäumen, bis es zu dämmern begann und ich mir sagte, dass es Zeit sei, auf meinen Wachposten zurückzukehren, denn diese Tageszeit barg die gleichen Gefahren wie der frühe Morgen. Und ich bezweifelte, dass Kosei-San es geschafft hatte, aufzustehen, um selbst hinauszugehen.

38.
EINE ZWEITE CHANCE

An meinem zweiten Abend als Mann des Abgrunds tauchte tatsächlich ein Spaziergänger um die vierzig auf. Er war allein unterwegs und hatte weder einen Rucksack noch eine Landkarte oder einen Fotoapparat dabei. Nichts.

Das ließ bei mir die ersten Alarmglocken schrillen.

Ich folgte ihm in einigem Abstand, damit er mich nicht entdeckte. Er bewegte sich etwas schwerfällig, die Hände in den Taschen seiner Jeans, über der er ein langärmliges, bis oben zugeknöpftes Hemd trug.

An diesem Nachmittag war es schon sommerlich warm, weshalb ich mich über seine langen Ärmel wunderte.

Etwa zwanzig Schritte vor dem Klippenrand blieb er stehen und schaute nach rechts und links, als überlegte er, in welche Richtung er weitergehen sollte. Dennoch bewegte er sich nicht von der Stelle. Stattdessen zog er ein Tabakpäckchen und Blättchen aus seiner Hosentasche. Bedächtig begann er, sich eine Zigarette zu drehen.

Ich näherte mich ihm und überlegte dabei, unter welchem Vorwand ich ihn ansprechen könnte, ohne ihn zu sehr zu erschrecken. Ich hatte vor zwanzig Jahren mit dem Rauchen aufgehört, war aber bereit, mir eine Zigarette anzuzünden, um ein Leben zu retten.

Meine Intuition sagte mir, dass dieser Mann ein letztes Mal rauchen und dabei die Schönheit der Berge betrachten wollte, bevor er die wenigen Schritte tat, die das Leben vom Tod trennten.

Da er auffällig entspannt wirkte, nahm ich an, er habe sich aufgegeben und keinen Ort mehr, an den er zurückkehren konnte. Vielleicht gab es auch niemanden mehr, der auf ihn wartete.

»Dürfte ich dich um eine Zigarette bitten?«, fragte ich ihn.

»Natürlich …«, sagte er mit ausdrucksloser Stimme, während er mir den Tabak und die Blättchen reichte.

Für ihn war ich sicher ebenfalls ein ungewöhnlicher Wanderer, ohne Rucksack, Karte oder Fotoapparat. Dennoch dachte er offenbar nicht daran, mir irgendeine Frage zu stellen, als wäre es das Normalste von der Welt, dass zwei einsame Fremde am Abgrund zusammen eine Zigarette rauchen.

Plötzlich zeigte er auf einen großen Vogel und fragte:

»Was mag das für einer sein?«

Für Vögel hatte ich mich noch nie interessiert. Für mich waren es einfach nur Tiere mit Federn. Aber an meinem zweiten Tag als Mann des Abgrunds hatte ich Glück. Anfängerglück. Denn ich hatte Kosei-San eine Woche zuvor dieselbe Frage gestellt, vielleicht war da genau derselbe riesige Vogel am Himmel gekreist.

»Das ist ein Kalifornischer Kondor.«

»Er sieht riesig aus …«

»Es ist einer der größten Vögel der Erde. Weißt du, dass es diese Art schon vor vierzigtausend Jahren im Grand Canyon in Colorado gab? Du hast Glück, mein Freund, nur noch wenige dieser Vögel genießen ein Leben in Freiheit … Die meisten Kalifornischen Kondore leben in Zoos, und dieser hier besucht uns sogar in den Rocky Mountains. Übrigens, ich heiße Toni«, beendete ich meinen Vortrag und reichte dem Fremden die Hand. »Was hat dich hierher verschlagen?«

Zum ersten Mal sah er mir ins Gesicht und zuckte die Schultern. Er hatte blaue, wässrige, beinahe glanzlose Augen, einen Dreitagebart und einen halb ironischen, halb verzweifelten Zug um den Mund. Es war der Ausdruck eines Mannes, der kapituliert hatte.

»Ted.«

Er schwieg wieder und konzentrierte sich aufs Rauchen. Ich zog an meiner Zigarette und paffte wie ein unbeholfener Highschoolschüler.

Der Mann namens Ted rauchte seine selbstgedrehte Zigarette zu Ende, warf die Kippe auf die Erde und trat sie aus.

In meinem Kopf hörte ich die Uhr ticken: Mir lief die Zeit davon, und ich hatte immer noch keine Idee, wie ich ihn von seinem Vorhaben abbringen konnte. Weder die Zigarette noch der Kalifornische Kondor hatten uns irgendwohin geführt.

Wie sollte ich ihn vom Abgrund weglocken?

Mein Gehirn arbeitete auf Hochtouren. Und plötzlich fühlte ich mich stark und lebendig. Ich hatte eine Mission, die weder groß noch unklar war. Ich musste Ted überreden, mitzukommen und einen Tee mit mir zu trinken, ihn in eine Unterhaltung verwickeln, bei der er sich aussprechen konnte.

Meine Aufgabe war es, dafür zu sorgen, dass dieser Mann nicht hier und jetzt sein Leben beendete.

Da gestand mir Ted etwas, das mir den Weg ebnete.

»An meinem fünfzehnten Geburtstag war ich schon einmal mit meinen Eltern hier ... Ich erinnere mich, dass mir der Ort sehr gefallen hat. Es war ein schöner Tag. Vielleicht mein letzter schöner Tag.«

Ich erschauderte.

Er verstummte.

»Das war vor genau zwanzig Jahren, heute bin ich fünfunddreißig geworden und habe deshalb beschlossen, hierher zurückzukommen!«

»Herzlichen Glückwunsch!«

Statt zu antworten, strich er sich über die Arme. Dann knetete er seine Hände und begann, die Füße zu bewegen.

Ich spürte, dass ich im Begriff war, die Partie zu verlieren, deshalb versuchte ich zu improvisieren:

»Wenn heute dein Geburtstag ist, steht dir ein Geschenk zu. Dafür brauchst du mich nur zu dem Häuschen da drüben zu begleiten. Dort wohne ich zusammen mit einem alten Japaner.«

Erstaunt sah er mich an.

»Aber wir kennen uns doch gar nicht …«

»Ich weiß. Aber es sieht so aus, als gäbe es hier nicht viele Leute, mit denen man zusammen feiern könnte, also wirst du dich mit meinem Geschenk begnügen müssen.«

»Bist du Förster? Und der alte Japaner? Was macht er hier?«

Ich hatte es geschafft, seine Neugier zu wecken, was ich als kleinen Sieg verbuchte.

»Komm, dann lernst du ihn kennen. Wir werden zu dritt einen Tee trinken und dir etwas schenken. Danach kannst du ja wieder gehen und *tun, was du willst.*«

Diese letzten Worte betonte ich bewusst, um ihm klar zu machen, dass er nach dem Tee frei wäre, seinem Schicksal, wie auch immer es aussah, zu folgen.

Ein wenig misstrauisch schaute er mich an, sagte aber nicht Nein.

Ich wagte mich weiter vor:

»Eigentlich machst sogar *du* uns das größere Geschenk. Hier oben kommen nämlich so wenig Leute vorbei, dass wir nur selten die Gelegenheit haben, gute Geschichten zu hören.«

»Mach dir da keine Illusionen«, sagte er trocken. »Meine Geschichte ist nicht der Rede wert.«

»Das weiß man nie.«

Ich drückte die Daumen und setzte mich langsam in Bewegung. Würde er mir folgen oder nicht?

Als ich ihn hinter mir atmen hörte, jubelte ich innerlich.

Obwohl ich keine Ahnung hatte, wie ich weiter vorgehen sollte, waren seine müden Schritte hinter mir das größte Geschenk, das ich mir hätte vorstellen können.

Plötzlich hatte ich das Gefühl, als wäre Jonathan zurückgekehrt. Eine seltsame Ruhe durchströmte mich. Dank diesem armen erschöpften und verlorenen Mann spürte ich, dass ich eine zweite Chance bekam.

Der Jonathan eines anderen Bruders ist noch da, und diesmal werde ich ihn mit offenem Herzen empfangen, sagte ich mir, als ich die Tür zur Hütte aufstieß, im Gepäck all das, was ich bei Kosei-San gelernt hatte.

Zum ersten Mal wurde mir bewusst, dass ich über mich selbst hinaus schauen und hören konnte.

39.
DER MANN OHNE AUFGABE

Kosei-Sans Zimmertür war angelehnt und er lag im Bett, als ich ihm einen Tee und einen Teller mit den letzten Keksen, die ich im Vorratsschrank gefunden hatte, auf den Nachttisch stellte.

Ich wusste, dass er von seinem Zimmer aus unser Gespräch verfolgen würde. Sein schützender Geist schwebte in dem kleinen Wohnzimmer der Wunderwerke, in dem Ted plötzlich munter wurde.

»In dieser Hütte lebst du?«, fragte er mich interessiert. »Und wo ist der alte Mann, von dem du mir erzählt hast? Wie versorgt ihr euch denn mit Lebensmitteln? Ich habe hier oben nirgends einen Laden gesehen ...«

Bereitwillig stillte ich seine Neugier, während wir in einer angenehmen, kameradschaftlichen Atmosphäre Tee tranken und Kekse aßen, und ich spürte, dass ich nun zu seinem eigentlichen Problem vorstoßen konnte.

»Ich habe dir viele Fragen beantwortet, Ted, jetzt bin ich mit Fragen an der Reihe. Was hast du eigentlich so allein an der Felsenklippe gemacht? Bestimmt bist du nicht hier heraufgekommen, um Kalifornische Kondore zu beobachten ...«

»Ehrlich gesagt, Toni, ist mir selbst nicht ganz klar, warum ich hergekommen bin, abgesehen von meinem Wunsch, die Erinnerung an meine Eltern aufleben zu lassen. Vielleicht um mit allem Schluss zu machen? Ich weiß es nicht ... Schon seit einer ganzen Weile sehe ich keinen Sinn mehr in meinem Leben.«

Nachdem er endlich die Karten auf den Tisch gelegt hatte, fragte ich ihn, was ihn in diese emotionale Ödnis getrieben habe. Auf eine Antwort musste ich nicht lange warten. In wirren und mit Pausen gespickten Ausführungen erklärte er mir, dass es seit dem Tod seiner Eltern nur noch zwei wichtige Menschen in seinem Leben gegeben habe. Einen Kindheitsfreund und die Frau, die in den letzten fünf Jahren seine Freundin gewesen sei. Irgendwann sei sie ihm gegenüber immer kälter und distanzierter geworden, bis ihr nichts anderes mehr übrig blieb, als ihm die Wahrheit zu sagen, nämlich dass sie seit einiger Zeit in seinen Freund verliebt sei, mehr noch, dass sie seit einigen Monaten eine heimliche Beziehung mit ihm habe.

»Ich habe nicht nur die Liebe meines Lebens und meinen einzigen Freund verloren, sondern auch jegliche Lebensfreude. Ich weiß nicht mehr, was ich auf dieser Welt noch soll.«

»Entschuldige, dass ich dir widerspreche, Ted, aber diese Frau war nicht die Liebe deines Lebens und dein Freund nicht mehr dein Freund. Vielleicht waren sie es einmal gewesen, aber ihre Werte entsprachen eindeutig nicht deinen eigenen. Ich weiß, dass es schwer ist, sich das bewusst zu machen, wenn die beiden Menschen, die man am meisten geliebt hat, einen hintergangen haben, aber eines Tages wirst du dankbar sein, dass sie aus deinem Leben verschwunden sind. Solche Reisegefährten kannst du nicht gebrauchen. Du wirst andere finden, die es wert sind, mit dir durchs Leben zu gehen.«

Nach dieser Sonntagsrede schaute er mich verdattert an. Und ich selbst war nicht weniger überrascht. Woher kamen all diese Worte? Es war, als würde Kosei-San aus der Dunkelheit seines Zimmers einen Teil seiner Kräfte auf mich übertragen.

»Ich verstehe, was du sagst, Toni, aber solange ich keine neuen Reisegefährten finde, habe ich das Gefühl, an einem Abgrund entlangzulaufen. Ich gehe zur Arbeit – ich bin Hausmeister an einer Schule – und komme hinterher in meine leere Wohnung zurück, in der ich versucht habe, alle Spuren meiner Freundin zu beseitigen. Ich esse allein vor dem Fernseher. Und abends schlafe ich mit der Hand auf meinem Geschlechtsteil ein ... Ich sehe überhaupt keinen Grund mehr, weiterzuleben.«

»Du hast eine Aufgabe, Ted«, erwiderte ich überzeugt. »Vielleicht gegenüber den Kindern, die du jeden Tag auf dem Weg in ihre Klassenzimmer triffst. Bestimmt kommen sie manchmal auch zu dir, weil sie Hilfe brauchen. Vielleicht liegt deine Aufgabe aber auch anderswo, dann wirst du sie bald entdecken.«

»Wirklich?«, murmelte er perplex. »Es ist schwer, sich eine Aufgabe vorzustellen, wenn man nicht mehr fähig ist zu genießen, wenn man sich auf nichts mehr freuen kann. Verstehst du, was ich meine?«

»Besser als du denkst, Ted ... Ich selbst habe an der Stelle gestanden, wo du jetzt stehst. Und ich dachte, ich würde dort nie mehr wegkommen, aber das Leben ruft nach uns, auch wenn wir seine Stimme nicht hören wollen. Es verlangt etwas mehr von uns, als nur zu überleben und zu resignieren.«

Ich schwieg eine Weile, damit alles sich ein wenig setzen konnte, bevor ich fortfuhr:

»Der Psychiater und Neurologe Viktor E. Frankl hatte viele Patienten, die wie du am Leben verzweifelten und nicht mehr weiterwussten. Er sagte ihnen sinngemäß: ›Wenn Sie nicht wissen, worin Ihre Lebensaufgabe besteht, gebe ich Ihnen eine: sie zu entdecken.‹«

Ted holte tief Luft und ergriff die Initiative, den restlichen Tee in unsere beiden Tassen zu gießen.

»Ich will dir etwas sagen, Toni …« Er seufzte und bemühte sich, seine Rührung unter Kontrolle zu halten. »Vielleicht habe ich meine Lebensaufgabe noch nicht gefunden, aber ich weiß jetzt, warum ich hier herauf gekommen bin. Jetzt kann ich es sagen.«

Ich schaute ihn neugierig an.

»Obwohl ich dich nicht kannte, weiß ich jetzt, dass ich in Wahrheit nur hergekommen bin, um mit dir zu reden.«

40.
NUR UND AUSSCHLIESSLICH JETZT

Während ich Ted auf seinem Rückweg in die Zivilisation hinterher schaute, begann die Sonne am Horizont zu versinken. Ich beschloss, noch bevor die Dunkelheit sich über die Klippen legte, Esmeralda aufzusuchen und ihr zu erzählen, was ich bei meiner Tätigkeit als Wächter des Abgrunds erlebt hatte.

Als ich unten in der Schlucht ankam, brauchte ich zur Orientierung nicht einmal eine Taschenlampe. Der Schein eines kleinen Lagerfeuers leitete mich bis zu Esmeraldas Zeltplatz, der seit einigen Tagen ihr Zuhause war.

Im Licht der Flammen, die einen Meter vor ihrem Zelt tanzten, sah ich durch die Zeltwand hindurch ihre Silhouette.

Ich blieb stehen und genoss diesen besonderen Moment. Kosei-San hatte mich gelehrt, die Schönheit des Augenblicks wahrzunehmen, bevor dieser in den endlosen Tunneln der Zeit verschwindet.

Nur und ausschließlich jetzt hatte ich das Glück, den Vogelmüttern zu lauschen, die in den Nestern für ihre Jungen sangen, und die Blätter im Wind rascheln zu hören. Nur und ausschließlich jetzt, in dieser Ruhe und Harmonie, legte eine bezaubernde Esmeralda im Zelt ihre Kleider ab.

Die Bewegungen ihres Schattens lösten ein Verlangen in mir aus wie das eines Jungen, der seine erste Liebe vor sich hat. Esmeraldas Kleid glitt von ihrem Körper, und es sah aus, als streichelte sie ihn. Dann band sie ihr Haar zusammen und massierte sich den Nacken, der sicher schmerzte nach den vielen Nächten, in denen sie auf dem Boden geschlafen hatte.

Ihre Haut konnte ich nicht sehen und ihre Formen nicht genau erkennen, mir aber alles lebhaft vorstellen.

Am Feuer hockend, in der Hand eine ungeöffnete Flasche Wein, kam ich mir vor wie ein jugendlicher Voyeur. Ich sehnte mich danach, sie zu streicheln, zu küssen, zu umarmen ... sie zu lieben, als gäbe es kein Morgen.

Und dieser Wunsch löschte alles andere aus.

Den Wald, die Dunkelheit über der Klippe, die Hütte, Kosei-San, Jonathan, meinen Schmerz, meine innere Leere ... Alles verschwand, während ich ihren Namen sagte und den Reißverschluss ihres Zelts öffnete.

Wir sprachen kein Wort. Ich ging zu ihr, bevor sie sich die Unterwäsche auszog. Als sie meine Arme um ihre Taille spürte, drehte sie sich langsam zu mir um und küsste mich.

Dann löste sie sich ein wenig von mir, um mich schweigend im flackernden Schein des Feuers zu betrachten, das betörend und geheimnisvoll knisterte.

Für einige Sekunden genoss ich den Kontrast ihrer gebräunten Haut zum Weiß ihres BHs. Sie begann schneller zu atmen, ihre Brust hob und senkte sich.

Ich legte meine Hände um ihre Hüften und zog sie an mich.

»Seit Stunden vermisse ich dich«, flüsterte sie mir ins Ohr.

»Und ich glaube, ich habe dich mein Leben lang vermisst«, antwortete ich, bevor ich ihren Hals küsste.

Meine Hände wanderten langsam über ihren Rücken. Während ihre Hände in mein Haar glitten, stellte sie sich mit ihren nackten Füßen auf meine Schuhe. In geduckter Position versuchten wir zu tanzen, bis wir schließlich lachend auf den Zeltboden fielen.

Wie von einem gewaltigen Instinkt gepackt, begann Esmeralda, mir die Kleidung vom Körper zu zerren. Ich meinerseits kämpfte mit ihrem BH-Verschluss, bis er sich endlich öffnete und ihre Brüste freiließ, die größer waren, als ich sie mir vorgestellt hatte.

Während ich mit den Lippen diese weichen und außerordentlich festen Hügel berührte, zog sie mir das letzte Kleidungsstück aus und ließ auch ihres fallen.

Wenige Minuten später begegneten sich Himmel und Erde im süßesten Sturm der Welt.

41.
ENDLICH ENTHÜLLTE GEHEIMNISSE

Als ich erwachte, lag ich allein im Zelt. Mein nackter Körper war nur dürftig mit dem dünnen Tuch bedeckt, mit dem Esmeralda sich abends gegen die Kälte schützte.

Eine ganze Weile blieb ich in diesem Stoffiglu liegen, der sich wie eine Gebärmutter anfühlte, und wartete darauf, dass Esmeralda wiederkam.

Nach einer knappen Stunde kroch ich unter dem Tuch hervor wie eine Eidechse auf der Suche nach Sonnenwärme. Wo steckte sie nur? Ich zog mich an und verließ das Zelt in der Gewissheit, dass ich nach dieser Nacht nicht mehr derselbe sein würde.

Während ich mich suchend nach ihr umschaute, atmete ich tief die Waldluft ein, und der Duft nach Kiefern und Erde drang in meine Lunge wie eine heilsame Essenz. Ich lauschte dem Wind, der auf der zarten Harfe der Zweige spielte, und den Vögeln, die den Tagesbeginn zelebrierten.

Inmitten dieses Paradieses sagte ich mir, dass es nun an der Zeit war, mein Leben wirklich zu beginnen. Ich spürte, dass ich endlich die wahre Liebe gefunden und eine gute Geschichte voller Sinn und Menschlichkeit zu erzählen hatte. Es würde eine Hommage werden an den Bruder, den ich verloren hatte, an all die Menschen, die seine Empfindsamkeit besaßen, an einen Meister mit großem Herzen, der sich einer so beschwerlichen Aufgabe widmete wie der, Regentropfen aufzulesen, damit die Erde sie nicht verschluckte ...

Ich wollte mich auf die Niederschrift dieser Geschichte konzentrieren, doch zunächst galt meine Sorge etwas viel Banalerem und Naheliegenderem.

Warum hatte Esmeralda mich allein gelassen, nachdem wir zum ersten Mal miteinander geschlafen hatten? Sie war jetzt sicher schon mehrere Stunden fort. Wohin war sie gegangen?

Es dauerte eine Weile, bis ich sah, dass neben dem Zelteingang ein Zettel lag.

Lieber Toni,
ich will meinen Vater besuchen.
Heute Morgen, als ich glücklich neben dir aufgewacht bin, habe ich gespürt, dass der Moment gekommen ist, ihm zu eröffnen, dass ich weiß, wer er ist, und mich als die zu erkennen zu geben, die ich wirklich bin.
Vielleicht hast du recht, und es ist noch nicht zu spät.
Du könntest mir einen Gefallen tun und das Zelt abbauen.
Wenn ich zurückkomme, will ich endgültig von hier fortgehen.
Ich liebe dich,
Esme

Von Esmeraldas plötzlichem Entschluss überrascht, und auch davon, dass sie mich um etwas bat, was sie normalerweise selbst erledigte, begann ich, von Glücksgefühlen beflügelt, das Zelt abzubauen.

Vielleicht war nun auch für mich der Moment gekommen zu gehen. Denn ich hatte genug Geschichten gehört und musste anfangen, die des Mannes vom Abgrund aufzuschreiben.

Vielleicht wurde es Zeit, in das Leben jenseits der Felsenklippen zurückzukehren, meine Firma zu verkaufen oder anderen zu übergeben.

Vielleicht könnte ich mit Esmeralda nach Seattle gehen und ein neues Leben an ihrer Seite beginnen, falls sie mich dort haben wollte.

Vielleicht …

Dank meiner Jahre als eifriger Pfadfinder gelang es mir, das Zelt, nachdem ich es leer geräumt hatte, rasch abzubauen.

Als ich es zusammenfaltete, um es einzurollen und in die Hülle zu stecken, entdeckte ich erstaunt, dass sich an der Stelle, wo es gestanden hatte, keine Grasfläche befand, sondern nackte, offenbar frisch aufgewühlte Erde.

Jemand hatte hier kürzlich gegraben, und das konnte nur …

Wie eine plötzliche Eingebung tauchte die Erinnerung an den Morgen auf, an dem ich Esmeralda beim Einschlagen der Heringe überrascht hatte. Hatte sie das Zelt da etwa neu aufgebaut, nachdem …

Einem irrationalen Impuls folgend, scharrte ich in der Erde, und schließlich wühlte ich darin mit bloßen Händen wie ein Waldtier.

Zwischen Erde und Zweigen schimmerte etwas Metallisches.

Mit übermenschlichem Eifer begann ich Erde und Steine aus dem Boden zu schaufeln, und plötzlich tauchten Esmeraldas Worte wie ein Orakel in meinem Gedächtnis auf: »*Vielleicht findet dein Bruder am Ende dich.*«

Eine Minute später hielt ich, am Boden kniend, die Urne mit Jonathans Asche in den Händen.

Ich brach in Tränen aus, als ich die verlorenen Teile dieser Geschichte erkannte. Unserer Geschichte.

Esmeralda hatte die Urne gefunden, die in der Nähe ihres Zeltplatzes gelandet sein musste, und statt es mir zu sagen, hatte sie beschlossen, sie zu vergraben. Genau dort, wo wir uns geliebt hatten …

Ich hielt die Überreste meines Bruders in den Armen und wusste nicht, ob ich dankbar oder wütend sein sollte auf die, die sie geborgen hatte.

Im selben Moment erblickte ich ihre Silhouette, sah sie entlang des Baches durch das Dickicht näherkommen, mit so ernstem Gesicht, dass ich fürchtete, die Begegnung war nicht so verlaufen, wie sie gehofft hatte.

Unfähig, mich von der Urne zu trennen, blieb ich, wo ich war, und wartete, bis sie vor mir stand.

»Ich verstehe nicht, warum du das getan hast«, sagte ich, »aber … danke, dass du Jonathans Überreste gefunden und aufbewahrt hast.«

Esmeralda antwortete nicht. Sie schaute mich nur an, mit seltsam abwesendem Blick, als wäre diese Situation das Normalste auf der Welt, als hätte unsere Liebe nicht in der vergangenen Nacht einen Höhepunkt erreicht.

»Erzähl mir, wie es war …«, bat ich besorgt. »Habt ihr euch nicht verstanden?«

»Doch, viel besser, als ich erwartet hatte«, sagte sie stockend. »Es war wunderbar. Ich habe ihm verziehen, und er hat mir verziehen.«

»Warum sollte er dir denn verzeihen, Esme?«

Mir fiel auf, dass ich sie zum ersten Mal so nannte.

»Es gibt noch etwas, was ich dir nicht erzählt habe, Toni …«, sagte sie beklommen. »Und ich hoffe, du wirst mich dafür nicht hassen. Nicht nur habe ich dir nichts von dem Fund der Urne gesagt, da ich wusste, dass du gehen würdest, sobald du sie gefunden hättest. Ich habe einfach gespürt, dass du noch Dinge zu klären hattest und … warum es verheimlichen, ich wollte dieses Paradies noch ein bisschen länger mit dir genießen.«

Ich wusste nicht, wie ich reagieren sollte, und stellte die Urne auf den Boden.

»Und was hast du mir noch verheimlicht?«, fragte ich sie.

Esmeralda biss sich auf die Unterlippe.

»Weder die Urne unter dem Zelt noch das Treffen mit meinem Vater waren ein Zufall«, sagte sie mit glänzenden Augen. »Nach dem Tod meiner Mutter habe ich alle möglichen Spuren verfolgt, bis ich endlich seinen Aufenthaltsort gefunden hatte. Er hat viele Menschenleben gerettet, deshalb war er kein Unbekannter.« Sie hielt inne, holte tief Luft, und eine Träne rollte ihr über die Wange. »Als wir uns an der Landstraße getroffen haben, wusste ich, dass ich nicht mehr weit von ihm entfernt war. Und als du mir dann von dem alten Mann erzählt hast, stand für mich fest, dass er es war.«

»Warum hast du mir denn nichts gesagt?«, fragte ich verblüfft. »Aber das ist doch kein Grund zu weinen, Esme, … Du warst einfach noch nicht so weit. Ich weiß, was es heißt, Angst zu haben und nicht mal seinem eigenen Schatten zu trauen.«

Als wäre ein lang anhaltender Widerstand plötzlich gebrochen, setzte sie sich auf die Erde und sagte, das Gesicht halb unter den Haaren versteckt:

»Was deine erste Frage betrifft: Ich habe dir nichts gesagt, weil ich mir nicht wirklich sicher war, ob ich ihn überhaupt treffen wollte, und es nicht ertragen hätte, dass du mich unter Druck setzt. Deswegen habe ich es dir die ganze Zeit nicht gesagt. Und was das Weinen angeht ...«, sagte sie mit leiser Stimme, »kannst du dir nicht denken, warum ich weine?«

In meinem Hals bildete sich ein Kloß und schnürte mir die Luft ab.

»Mein Vater ist gestorben, Toni. Ich danke dem Himmel und auch dir, dass wir uns am Ende noch kennenlernen und voneinander verabschieden konnten.«

EPILOG:
WAS WILLST DU MIT DEM REST DEINES LEBENS ANFANGEN?

Obwohl der Mann des Abgrunds seinen letzten Lebensabschnitt ziemlich einsam verbracht hatte, kamen viele Menschen zur Trauerfeier und zum Begräbnis. Wie eine rätselhafte Strömung, die noch die fernste Küste des menschlichen Ozeans erreicht, war die Nachricht in alle Richtungen getragen worden und hatte um die hundert Menschen aus allen Teilen des Landes zusammengerufen.

Es kamen die Geretteten mit ihren Kindern, Geschwistern und Freunden.

Es kamen Menschen, die von Kosei-San und seinem jahrelangen unermüdlichen Einsatz gehört hatten.

Es kamen, nicht ohne Mühen, seine Arbeitskollegen aus dem Niemandsland, die noch auf der Erde weilten.

Es kam Esmeralda, seine Tochter, die er vor seinem letzten Atemzug wiedergefunden hatte und die die Abschiedszeremonie in allen Einzelheiten organisiert hatte. Auf sie ging auch der Wunsch zurück, dass ich es sein sollte, der statt eines Priesters die letzten Worte zu Ehren Kosei-Sans sprach.

Schließlich, meinte sie, sei ja ich derjenige, der von dem Mann des Abgrunds die meisten Geschichten gehört hatte. Ich hätte in seinen letzten Tagen mit ihm im Tempel der Letzten Hand gelebt, ihn sogar ersetzt, als er schon auf dem Sterbebett lag, und einen Mann zum Tee eingeladen, der in seinem Leben keinen Sinn mehr gesehen hatte.

Auch er war zum Begräbnis erschienen, ganz in Schwarz, und hatte mich am Ende der Zeremonie länger als erwartet umarmt.

Als alle gegangen waren, breitete sich in dem leeren Bestattungsinstitut Stille aus.

Ich schaute mich um nach Esmeralda, aber auch sie war gegangen. Wir hatten uns nicht einmal voneinander verabschiedet.

Erschöpft und in einem wachsenden Gefühl der Trostlosigkeit holte ich mein Handy aus der Tasche. Nach diesem außergewöhnlichen Abenteuer erwarteten mich Tausende von Nachrichten, die es zu beantworten galt.

Ein Jahr und ein paar Monate später stellte ich abermals jene Frage, die so viele Leben gerettet hatte:

»Willst du einen Tee mit mir trinken?«

Die Frau machte nicht einmal Anstalten, aufzuschauen. Sie war so sehr in ihre Arbeit vertieft, dass sie den Fremden gar nicht hatte in ihre Werkstatt kommen hören.

Seine Stimme aber hatte sie gehört. Mehr noch, sie hatte sie im Innersten gespürt. Ihre Finger, die noch die Wollfäden hielten, mit denen sie kleine, auf dem Tisch liegende Puppen zum Leben erweckte, waren zusammengezuckt. Wie immer waren es die Puppen, die ihr Halt gaben. Ihre Sorgenpuppen.

Der, der die Frage gestellt hatte, war ein Mann von Anfang vierzig, der inzwischen, nachdem er Erfolg und Misserfolg erlebt hatte, gelassen zu den Horizonten des Lebens blickte.

Während sie sich weiter auf ihre Arbeit konzentrierte, dachte sie, dass diese Stimme wohl eine bloße Erinnerung war, die sie in einsamen Momenten überfiel.

Oder vielleicht doch nicht.

Es war ein Nachmittag wie jeder andere und zugleich anders als alle übrigen. Schon am Morgen hatte sie es gespürt, als sie vor ihrem Fenster einen riesigen Schwarm Monarchfalter hatte vorbeifliegen sehen. Noch weigerte sich der Sommer, einem weiteren viel zu langen Winter das Ruder zu überlassen.

»Willst du einen Tee mit mir trinken?«, wiederholte ich.

Da schaute Esmeralda auf, und mitten in dieser Werkstatt geschah etwas wie Zauberei.

Dutzende halb verschwommener und vom häufigen Gebrauch abgenutzter Erinnerungen begannen zwischen den bunten Wollfäden und Rohformen kleiner Püppchen zu kreisen. Der auf ein Autodach trommelnde Regen kehrte zurück, die unfassbar schöne Felsenklippe, die nächtlichen Küsse, das Lachen am Morgen, eine Urne voller mit Liebe und Gewissensbissen vermengter Asche, Hände, die über ihren Rücken wanderten, dazu die Geschichten Hunderter gescheiterter Selbstmorde, ein Meister, der Ratschläge erteilte, die er nie auf sich selbst angewandt hatte, ihre Flucht nach der Beerdigung, um ihre Wunden zu lecken und einer allzu langen, mit Geistern bevölkerten Vergangenheit Raum zu geben.

All diese Erinnerungen erstrahlten neu vor ihren schwarzen, mandelförmigen Augen. Aus ihrer Glut erstand der Mann, nach dem sie sich so gesehnt hatte, Toni, der keinerlei Eile zu haben schien.

Sie erlaubte sich, ihn von oben bis unten zu betrachten. Die vergangenen fünfzehn Monate waren ihm gut bekommen: Der nicht sehr schöne ungeduldige Zug um seinen Mund war verschwunden, und aus seinen Augen sprach eine gewisse unangepasste Zufriedenheit.

»Man merkt, dass es in deinem Leben gut läuft«, sagte sie, und es klang frecher, als sie beabsichtigt hatte.

Toni drehte seine Handflächen nach außen, als wollte er diese Tatsache herunterspielen, und zuckte mit den Schultern.

»Sei nicht so bescheiden. Alle Welt hat mitbekommen, wie erfolgreich dein Buch ist. Auch ich.«

»Das hast du aber gut versteckt. Seit der Beerdigung hast du keine meiner Nachrichten beantwortet. Deshalb bin ich hergekommen. Glaub nicht, dass es einfach war, dich zu finden. Zum Glück bin ich Journalist und …«

»Ich bin sehr stolz auf dich, Toni«, unterbrach sie mich, ohne auf meine Worte einzugehen. »Und ich danke dir. Denn durch deine Arbeit wird die Erinnerung an meinen Vater erhalten bleiben … und vielleicht anderen als Beispiel dienen.«

Ihre letzten Worte ließen die unguten Gefühle aufleben, die mich während meiner Arbeit an dem Buch über den Mann des Abgrunds begleitet hatten. Während ich versucht hatte, das Leben und die Philosophie des Lebenswächters darzustellen, hatte ich mich immer wieder gefragt, was sich wohl jetzt an dieser Felsenklippe abspielte, die von so vielen Verzweifelten als letzte Station ihres Lebens gewählt wurde.

Jetzt, da die Hütte leer stand und niemand mehr mit dem Fernglas die Klippen beobachtete, niemand mehr eine Tasse Tee und ein geduldiges Ohr bereit hielt, gäbe es für die meisten keinen Weg mehr zurück.

Als Journalist war ich mir nach Kosei-Sans Tod und nachdem ich das Buch über ihn verfasst hatte, durchaus der Mittel bewusst, die ich besaß, um seine lebensbejahende Botschaft in die Welt hinauszutragen. Doch an die einsame Hütte am Rand des Abgrunds dachte ich stets mit Sorge.

Esmeraldas klare, tiefe Stimme holte mich in die schlichte Werkstatt am Rande von Seattle zurück.

»Wenn du nicht im Fernsehen erscheinst, sieht man dich in Zeitungen oder Zeitschriften. Vielleicht habe ich dir deshalb nie geschrieben. Ich dachte, du hast jetzt für niemanden mehr Zeit, auch nicht für mich.«

»Da hast du falsch gedacht«, sagte ich gekränkt und ein wenig verärgert. »Diese ganzen Werbeaktivitäten interessieren mich nicht. Wenn ein Buch einmal geschrieben ist, gehört es nicht mehr mir. Das ist wie bei einem Kind, das selbstständig wird: Sobald es das Elternhaus verlassen hat, kann man ihm nur noch das Beste wünschen und hoffen, und dass es seinen eigenen Weg geht.«

Halb ungläubig, halb fasziniert sah Esmeralda mich an.

»Und was willst du mit dem Rest deines Lebens anfangen?«, fragte sie. »Was hast du jetzt vor?«

»Ich weiß nicht …«, sagte ich und versuchte, den Gefühlsaufruhr in meinem Inneren zu verbergen. »So gut zu leben, wie ich kann. Ich will meiner Familie näher sein. Seitdem mein Bruder fehlt, müssen wir Zurückgebliebenen stärker zusammenhalten. Ab September werde ich auch ein paar Stunden an der Uni geben. Ich freue mich schon darauf, mit jungen Leuten zu arbeiten, die ihr ganzes Leben noch vor sich haben. Ich hoffe, ich kann ihnen etwas mitgeben. Und du? Was hast du vor?« Ich spürte, wie ich für einen Moment meine Selbstsicherheit verlor. »Außer hier in der Werkstatt zu arbeiten, meine ich.«

»Was ich vorhabe?«, sagte sie und stand auf. »Wie meinst du das? Auf lange Sicht? Auf mittlere Sicht? Oder jetzt?«

»Ja, jetzt.«

Statt mir zu antworten, stellte sie sich auf die Zehenspitzen, um den Größenunterschied zwischen uns auszugleichen, und umarmte mich, wie sie es in unseren Tagen in der Schlucht nie getan hatte.

Da geschah in dieser Werkstatt zum zweiten Mal etwas, das wie Zauberei war: Die Zeit löste sich auf wie Zucker im Wasser. Unsere Körper gewannen ihr Gedächtnis zurück und verschmolzen in einer Geste, die ein ganzes Universum enthielt.

Vor Glück bebend, küsste ich sie behutsam auf die Stirn, auf die Nasenspitze, und als ich spürte, wie ihr Verlangen wuchs, auf die Lippen. Ich küsste sie, als versuchte ich, alle Distanz und Einsamkeit auszulöschen, die uns in diesen langen Monaten begleitet hatten.

Beinahe atemlos gestand ich:

»Ich besuche dich nicht nur, Esmeralda. Ich werde ein neues Leben beginnen und bin hergekommen, um dich zu holen. Ich weiß noch nicht, was ich mit meinem Leben anfangen werde, aber was auch immer es ist, ich will es mit dir teilen«, sagte ich hastig. »Ich träume nicht nur von dir, sondern in vielen Nächten kehre ich auch an die Felsenklippe zurück, dann erscheint mir dein Vater und bittet mich, seine Mission fortzusetzen. Vielleicht mache ich das nach den Kursen, die ich im September gebe ... obwohl das Haus ja jetzt dir gehört und ich deine Erlaubnis bräuchte, um hinzugehen. Oder ich bezahle dir eine Miete. Ja, genau, so kann ich es machen. Was meinst du?«

Esmeraldas Augen weiteten sich, als könnte sie nicht glauben, was sie gerade gehört hatte.

»Du bist verrückt. Jetzt, wo du erfolgreich bist, willst du alles aufgeben, um als Einsiedler zu leben?«

»Ich will ja nicht die ganze Zeit da oben wohnen ... Ich werde jemanden brauchen, der mich vertritt, wenn ich ein Seminar gebe oder einen Vortrag halte, aber ich glaube, man darf den Tempel der Letzten Hand nicht leer stehen lassen.«

»Hast du dir auch überlegt, wer dieser Jemand sein könnte, der bereit wäre, in einer Hütte am Ende der Welt zu sitzen?«

»Noch nicht …«, log ich, obwohl meine Nervosität verriet, dass ich an sie gedacht hatte. »Vielleicht können wir das in Zukunft zu mehreren machen, ein Team bilden, das sich diese Aufgabe teilt, und das außerdem die Gesellschaft dafür sensibilisiert, damit all die Menschen, die sich am Rande des Abgrunds befinden, nicht allein gelassen werden … Auch in der Stadt kann man in Bodenlosigkeit versinken und sterben. Schon seit Monaten denke ich über dieses Thema nach.«

Sie sah mich schweigend an und schien nicht genau zu wissen, was sie antworten sollte. Da stellte ich meine Frage zum dritten Mal:

»Also, willst du einen Tee mit mir trinken?«

Es dauerte eine kleine Ewigkeit, bis sie mir antwortete:

»Nein.«

Mein Herz setzte einen Schlag aus. Da sagte sie:

»Ich will nicht einen Tee trinken, Toni. Ich will jeden Tag einen nach dem anderen trinken, ich will alle Tees der Welt mit dir trinken.«